YOU便はがき

2020.5.10

3万人の心配事を
ラクラクほどいた

ナリ 著

あなた何様？

サンマーク出版

1日 女優
2日 コメディアン
3日 宇宙人
4日 ハイパーメディア クリエイター
5日 癒し屋さん
6日 パワースポット
7日 空気清浄機
8日 CHANEL No.5
9日 一匹オオカミ
10日 代表取締役
11日 ダイヤモンド
12日 脚本家
13日 パーリーピーポー
14日 短距離ランナー
15日 長距離ランナー
16日 司会者・MC
17日 一目置かれる者
18日 アイドル
19日 お金に愛されし者
20日 みんなのお母さん
21日 挑戦者
22日 人の姿をした神
23日 愛の天使
24日 美の女神
25日 陰陽師（安倍晴明レベル）
26日 逆転満塁ホームラン
27日 支配者
28日 愛され屋さん
29日 革命家
30日 松岡修造
31日 預言者

「当たってる!!」そう思った人は199ページへ！

ナリ心理学占い

NALI'S PSYCHOLOGY

1月 素直すぎる

2月 天才肌の

3月 超優しい

4月 行動力抜群な

5月 超絶敏感な

6月 遺伝子レベルで愛されてる

7月 人を笑顔にする

8月 今、ここを最高に楽しめる

9月 人を痺れさせる美学を持ってる

10月 バランス感覚抜群な

11月 視点が高く全てを見渡す

12月 ロマンチストな

「おまえこそ、何様だ？」

『あなた何様？』

……このタイトルを見た人から、

「は？　何様だと？
おまえこそ何様のつもりだ、このやろ――！」

って、アウトレイジ並みに怒鳴られたとしたら……。
僕はなにはともあれ全力で平謝りしたい。
叔父貴すまねぇ、そんなつもりはないんです！
ごめんなさい！　えらそうに言うつもりなんてないんです！

でも、でも！
本を閉じるのだけはちょっと待ってください！

僕はこの『あなた何様？』という強烈なタイトルの本を、本当はちょっとだけ身震いしながら書いています。挑発的な言葉に映るかもしれないってわかってるから。
でも同時に、「なんだよおまえこそ何様だよ、若造のくせに！」と思う人がいたとしたら、その人にこそ読んでほしい本だって思ってるんです。

もしも本当に、
『あなた何様？』というタイトルを見て
イラっときたり、もやもやっとしたり、むっとしてしまうとしたら、
そこには、あなたの人生がもっともっとよくなっていく
「お知らせ」が眠っている可能性がすっごく高いから。

「イラっと」「もやもや」「むっと」

……それを引き起こしているのは、

じつは、あなた自身の「自己否定の強さ」なんです。

言われて腹が立つことって、じつは…

というのも、自分を認めて自己肯定できている人は、「何様？」と聞かれても別にむっとなんかしないし、イラっとこない。そもそも気にならない。

それが自分への批判だとは到底思わないし、「おもろいこと聞かれた！」くらいのもの。

即座に「オレオレ様！」「にゃん様だねー」ってふざけるか、相手によっては華麗にスルー。

これが、自分を肯定できていない人は、

「なんだとおまえ、バカにしやがってー」とキレてしまいがち。

それは、自分のことを攻撃されていると思ったり、見下げられていると思うから。

バカにされてる、と思うとき、それって、本当は、自分が自分をバカにしてるってこと。自分をバカにできるのって、いつだって自分だけ。

言われて腹が立つことって、じつは当たってるし、なおかつそれを「隠しているから」、バレたことに腹が立つんですよね。的外れなことって、あまり腹立ちませんもんね。


だから、あなたがあなたを「どう」見ているのか。

極端に言うと、

自分を「ダイヤモンド」だと思っているのか。

それとも「ただの石ころ」と思っているのか。


自分の価値をどう感じているのか。

その違いが、「何様？」への反応をきめていて、人によって真逆に現れるのです。

ちなみに、自分をダイヤだと思っているってこういうことです。

「すでに自分は満点である」
「自分はこのまま笑っていればいい」
「自分はここにいていい」
「自分はこのままでいい」
「自分は変わらなくていい」
「自分はもうすでに必要とされている」
「自分は存在しているだけでいい」
「あとは人生楽しむだけでいい」
「みんなに何も与えなくていい、もう与えてるから」
「問題を解決しなくていい」
「世界に敵はいない」

「誰にも責められないし、誰も責めない」
「夢はかなうし、かなわなくても毎日楽しい」

自分を石ころだと思っているとこの真逆で生きることになります。つまり、人生はまったく違ったものになっている。

そのことは、僕が独学で「心」のことについて学び、山のように送られてくる「人生うまくいきませんどうしたらいいですかストーリー」に答える中で、確信に変わっていきました。

物事がうまくいくかどうか。人間関係がスムーズなのかどうか。日常生活で湧き起こる、ふとした感情や習慣まで、すべては、「自分自身が、自分をダイヤと思っているか石ころと思っているか」でできていて、「それによって結果はまったく別モノになっていく」のだということ。

僕は3万人の方々を通して、この法則の答え合わせをしてきたように感じています。

世界一ふざけた心理学

改めまして、僕は、「ナリ心理学」を主宰しているナリと申します。

心理学を使って楽しく人生を変えていくお手伝いをしています。

いや、お手伝いなんて高尚なことをしてるつもりはなくて、どちらかというと、眉間にしわを寄せて真剣になりすぎている人の心に、ちょっとした風穴を開けさせてもらって、それを一緒に楽しんでいるという感じでしょうか。

僕のブログを訪れてくれる方、メルマガを読んでくださる方、LINE@でフォローしてくださる方……。僕が、顔中にピアスをしてとんがっていた、アーティスト夢追い時代には想像もつかなかった人たちとつながりながら、さまざまな人の心のありようを知り、人生が変わっていくさまを見せてもらっています。

ナリ心理学っていったいなんなの？　改めて聞かれて僕自身も、はて、なんだろうな、と思ったわけですが、誰かが言ってくれていたのは、

「世界一距離感の近い、ざっくばらんな心理学」ということ。ふむふむ、たしかにそうかも。

主宰しているのはほぼ高卒（音楽専門学校卒）、資格もなし、経験もなし、師匠なし、組織の後ろ盾もコネもなし、の僕、ナリ。

なーんの説得力もない経歴だけど、僕の言葉にたどりついてくれた人が、

「なんかこれまで学んだ心理学と違う」

「めちゃくちゃ笑える」

「笑って読んでるうちに、なんか見える景色が変わった！」

とごくごく勝手に納得してくれて、さらには誰かを誘ってくれて、楽しんでくれて、いつのまにか仲間が増えて、今の「ナリ心理学」になりました。

この「ナリ心理学」ですが、ブログやＬＩＮＥ＠でも、基本的にやってることは、思いっきりボケること。そして、さんざんツッコミを入れまくること。それは、端から見た人が思わず「おいおいおいおいおい、ねぇ、ナリくん、大丈夫――??」っていうくらいに。笑。

（今回は、本なので、そのへんは多少抑えめです）

思いっきりふざけて、ボケて、ツッコんでるわけですが、これって、本当は理由があります。

というのも、相談してくれる人って、人生がうまくいっていない人。人生がうまくいってない人ってね、まず「笑えていない」んですよ。

僕は、まずはそこに風穴を開けたいんです。

いやいや、気持ちわかるけどさぁ、ちょーーっと、人生を重たく考えすぎじゃない？

問題解決ってね、真剣はいいけど、深刻は、ダメなんです。

深刻になるより、まずはおもしろがることから始めないとね。

あなたの「生きている実感濃度」はどれくらい？

ダイヤモンドなのか、石ころなのか？　その思い込みの違いが人生を分けている。

そう言いましたが、ナリ心理学では、そのダイヤモンドだと思えている度合いをジュースの濃度で例えて表現しています。

自分のことをダイヤモンドだと思えている人は、果汁の濃度が高い。

反対に、石ころと思っている人の濃度は低い。

果汁１００％のジュースか、うすいジュースか。


生まれたての赤ちゃんは、本人は知らないだろうけれど自己肯定感１００％でできています。

つまり、存在そのものが濃い。

果汁１００％。超濃い、それが赤ちゃんという存在です。

「生きていてもいい」

「そのままでいい」

「あなたは素晴らしい」

「あなたは素敵だ」

「すべてが完璧」

と、存在そのものをまるごと肯定されて、生きているだけで嬉《うれ》しくて、力が湧いてきて、行動的で、よく笑って、好きなだけ泣いて、人に愛されて、人を愛して、幸せいっぱいの毎日を送る存在。

そのまま成長すれば、より幸せになっていく……はずなのに、どうして、「自分はダメだ」「自分なんか」「私にはできない」「変わらなきゃ」と思っている大人が多いのでしょうか。

それは、成長していく中で、注がれる言葉によって自己肯定感が薄まり、どんどん存在の薄い人になっていくからです。

「それではダメだ」
「なんでそうなんだ」
「なんでそんなことしたんだ」
「おまえにはどうせできない」
「どうせ、無理」
「間違えるな」
「ちゃんとやれ」
「ほら、やっぱり無理だ」
「言うことを聞け」

など、両親や周囲から「存在を薄める言葉」を与えられると、人は、どんどん、どんどん、「生きてる実感濃度」が薄まっていきます。どんどん薄くなって、最終的にどうなるかというと、水のように透明になっていきます。「このジュース、薄っ！ほぼ水じゃん！」状態です。

つまり、

存在が薄まって、ついには自分がいないかのような状態になる。

これが「存在が薄い」「生きている実感濃度が薄い」状態です。

存在が薄くなると、

「自分はここにいてはいけない」

「自分は愛されてるわけない」

「自分はこのままではいけない」

「自分はダメに決まってる」

そんな強い自己否定にとらわれます。文字通り死を選ぶこともあるだろうし、人が怖くなることもあるし、ニートになることもあるだろうし、存在をとにかく消して生きていくこともあるでしょう。

もし、社会生活を送れたとしても、自己主張もせず、自分の感情を表に出すのが苦手で、我慢をしまくって人生を歩んでいくことになります。

それはつまり、すべてのものに許可を得る人生。

「私はこれでいいのか」

「私は今何をすればいいのか」

「そんな資格があるのか」

「やってもゆるされるのか」

「ゆずってもらってもよいのか」

「必要とされているのか」

「ここにいてもいいのか」

「どう思われているのか」

「怖いことは起きないか」

何をするにしても、人の顔色をうかがい、周囲の意見に振り回され、自分の人生のすべてが誰かの目線の先にあり、誰かに許可をもらわない限りは動けない。誰かに許可をもらったとしても、また他の人の目が気になりだす。この繰り返し。

「夢がかなわない」
「お金の不安が強い」
「やりたいことをやってない毎日を過ごしてる」
「恋愛に依存してしまう」
「不倫をしてしまってる」
「仕事が続かない」
「やる気が出ない」

これらは、もうほぼ、「生きている実感濃度」が薄いのが原因です。

だって、人の視点で生きているんだから。

自分がそこに含まれていないんだから。うまくいかないのは、悲しいかな、必然なんです。

だから、もしもあなたが、ここまで読まれた中に、「ああ、私の『生きている実感濃度』、めっちゃ薄いのかも」とどこか感じる部分があったなら、そして、「このままでは嫌だ」と思うなら、

生きている実感濃度を高めて、許可制の人生を降りましょう。

あなたも、元は赤ちゃんでしたよね。ということは、本来、100%の濃度だったということ。育っていく過程で薄まっただけ。

存在を濃くする方法は、存在が薄まっていったのと真逆のことをすること。そう、存在を濃くする濃い自己肯定を、たくさん、たくさん注ぐこと。

原液を注ぎ続ければ、いずれ、99・9%になることは可能です。

安物のフリ、してんじゃねえ

「笑うことで心にゆとりを取り戻して、そこに、自己肯定を降り注げ」

そう言うと、決まってこう言う人が出てきます。


「自己肯定できないから苦しいんじゃないか」

「人が悩んでいるのに、茶化すなんてひどい」

ほらほら、それですよ、それ。自分を石ころ扱いしてるじゃないですか。


もう一度言いますよ。

自分のことを、ダイヤモンドだと思って生きるのか。石ころだと思って生きるのか。

その大前提だけで、すべての結果は変わってしまうんです。

そもそも、あなたは、ダイヤモンドなんですよ？

ダイヤの原石、なんてもんじゃなく、もともと、生まれながらにして、ラウンドブリリアントカットされて、めちゃくちゃ輝いているダイヤモンドです。

だから、当然、あなたは、大切に扱われなくてはならない。

あなた自身からも、周囲からも、20カラットのダイヤのように、持ち出されるときは警備がつき大切に保護され、触れられるときも素手で乱暴になんてことはなく、見られるときは羨望と喜びに満ちた目で見られ、何をやっていてもどんなときも輝きを失わず、何があろうと傷つくこともない。

そんな素敵なダイヤモンド。それがあなたです。

この世には「自分なんて」と、暴言を吐かれていい人間なんていないし、そんな扱いをされてはいけない。そんな扱いをされることに決して慣れてはいけません。

なぜなら、あなたはダイヤモンドだから。

ではなぜ、

「自分を大切にできない」

「どうしても自信が持てない」

「毎日が苦しくてしょうがない」

「なんのために生きているのかわからない」

「いつもお金の不安がある」

「自分の本当の気持ちがわからない」

「嫌な目にばかりあう」

「異性から大切にされない」

という相談は後を絶たないのか。

きっと生きていく中で勝手に「自分はダイヤモンドじゃない」と勘違いしてしまったから。いや、誤解してしまったんだと思います。

たとえば、テストで良い点を取らなかったからお母さんに怒られた、とか、私よりも妹のほうがかわいがられている気がしたとか、友人にコンプレックスをバカにされたとか。

端から見れば驚くほど小さなできごとをきっかけに「自分はダイヤモンドじゃないのではないだろうか」と勘違いしはじめ、その思いは大きくなり、最後には石ころ扱い。

でも、あなたが自分のことを「ダイヤモンドではないかもしれない」「私はただの石ころだったのかも」と疑っていたり、卑下したりしていることと、「あなたがダイヤモンドかどうか」は、まったく別の話です。

あなたがどれだけ否定しようとも、事実は変わらない。

もちろん、今まで嫌な目にあったこと、コンプレックス、いろいろあったかもしれません。でも、あなたがダイヤモンドなのは、変えようがない事実です。

そして、ダイヤモンドは美しいだけでなく、強度も最強、傷つくこともありません。

あなたは最初からダイヤモンドだから。

そう、ダイヤモンドは鉱石の中で一番輝いていて、さらに、強度も最強なんです。

考えてみてください。間違いなく本物のダイヤモンドを手にして、「これってダイヤモンドなのかなあ。本当はただの石ころなんじゃないのかなあ」って思いますか？思いませんよね。それとまったく同じことなのです。

この話をするとよく「じゃあ、私もダイヤモンドになりたい！」とか、「私も頑張ればダイヤモンドになれますか？」という声が飛んできますが、それは無理です。というよりもあえて、「話を聞いていましたか？」と聞き返します。

なぜなら、

もうダイヤなんだから、なれない。

タモリがタモリになれないのと同じです。だって、もうタモリだから。

それと、まったく同じ話。

単に、思い出せよって話。

この本では「ただの石ころ」が「ダイヤモンド」だったと気づくための方法をお伝

えしていきます。

まずは、自分を「ただの石ころ」と思いつつ、必死で人生を好転させようともがく人が陥りがちな「ただの石ころあるある」から、ご紹介していきましょうか。

それでは「ナリ本」のはじまりナリ〜〜（お約束）。

NALI'S PSYCHOLOGY

CONTENTS

第2章

あの呪いを解くことから始めよう

第3章

心配事を消すナリ心理学

ブックデザイン　萩原弦一郎（256）
DTP　二階堂龍吏（くまくま団）
題字・イラスト　アベナオミ
図版　吉川ゆき
構成　MARU
編集協力　乙部美帆
編集　橋口英恵（サンマーク出版）

NALI'S PSYCHOLOGY

第1章

「なぜ私はうまくいかない？」に答えます

NALI'S PSYCHOLOGY

人生はただひたすら「証拠集めの旅」だから

「私、我慢ばっかりしているんです。
我慢していればいつか幸せになれ
ますよね？」

「今我慢してるの？
なら明日も、未来も、
ず——っと我慢だよ」

苦労すれば幸せになれるって、嘘！

「私、いつも嫌な目にばかりあうんです」

「私、パワハラ男にばっかりモテるんです」

「私、いつも貧乏クジを引くんです」

「私こんなに頑張ってきたのに離婚だなんて」

「私がやらないと、誰がやるんだろう」

「耐えていれば、いつかきっとわかってもらえるはず」


これらすべてに、「ある前提」が隠れてるの、わかりますか？

それは、「私が我慢すればなんとかなる」というものです。

でも、残念ながら、今日我慢すると、明日も我慢をしなければならない一日がやってきます。

「我慢してる」と、気づいてもらえるどころか、周りの人は「この人は、これが好きなんだな」「このままでいいんだな」「これを自分で選んでるんだな」「やりたいから、やってるんだな」と誤解し、あなたが「我慢してればなんとかなる」と思っている限り、「我慢しなければならない」現実を用意してくれるのです。

それは、人は、人生の前提を自分で決め、その証拠集めの旅をしている生き物だから。

ですから、「今」を我慢してやり過ごそうとしても、その状況は残念ながらまったく良くならないし、我慢すれば未来は良くなると思っても、なぜかそうはなりません。

自分を石ころ扱いし「自分は苦労する人間だ」という前提で生きている人には、我慢が集まります。もっと言えば「我慢しなくていいから言ってね」と言われてもなお、我慢しちゃうでしょうね。

それくらい「前提を証明する」「そのために証拠を集める」作用が強く働く。それが人生だからです。我慢を差し出して待つ未来は、やっぱり我慢なんです。

「でも、苦労して幸せになった人、いるじゃないですか」

と言われれば「ええ、いるでしょうね」と即答します。その人はたぶん、人生の前提が「苦労すれば幸せになれる」ではなく「幸せになる」に向かっていく段階でたまたま苦労してしまっただけの人だと思います。

我慢ではなく、「楽しい、嬉《うれ》しい、おもしろい、ありがっちょ」を差し出して未来を待っていると、未来でも「楽しい、嬉しい、おもしろい、ありがっちょ」がやってくる。人生はどうやらそうなっているようです。

だからこそ、未来を変えたいと本気で思っているとしたら、できることはただひとつ。

人生の前提を変えること。

「私って毎日幸せやん♪」という前提で生きると、その前提を証明するための証拠が集まってきます。

よく欲しいものがあったら紙に書け、なんていうのがあるけれど、それも同じ理屈です。「ベンツを買う」と紙に書けば、それが前提となって、ベンツばかりが目に映るようになる。走っている台数はたぶんそれまでと変わっていないはずなのに、具体的に自分の「前提」となると、自然とそれにフォーカスしてしまうんです。

「感情ノート」で感情の棚卸しをする

だから、日々「我慢しなきゃ」「私さえ頑張れば」と思っている人には「我慢するべきこと」「頑張らなきゃいけない事態」ばかりがやってきます。そして、さらなる頑張りと我慢を積み重ねて「いつかは」と思いながら生き続ける。

でもこの「いつか」って、やってきませんよね。だって、そこにあるのは「ずっと我慢する」という前提で、目の前に集まってくるのはその証拠なのだから。

もちろん「幸せ」や「喜び」が前提のときの我慢は、幸せにたどり着くでしょう。でも、

「我慢」が前提のときの我慢は、もう、我慢、我慢。
ずっと、我慢。我慢の先にはまた我慢。

ええっと、いいんですか？
それ、本当に一生やりますか？

「嫌だ」と本当に思うのであれば、オススメは「自分の感情ノート」を作ってみることです。

- 寂しかった
- 悲しかった
- こうしてほしかった
- 大切にされてないのかと不安だった
- 怖かった
- つらかった

- 負けそうだった
- 嫌だった
- 逃げ出したかった
- 投げ出したかった

という感情を思い出して、その全部を書き出してみてください。

最初はなかなか思い出せないかもしれませんから、スマホに「今、〇〇で嫌な気分になった」「〇〇のとき寂しかった」とメモするといいですよ。日々メモしていると、自分の感情に敏感になっていきます。

そして、いつぞやから蓋をしてしまった「寂しい」「悲しい」という感情を感じることにOKを出し、できればギャンギャン泣いて、できたらがっぽり沈んで、できたらズ――――ンと落ちてみてほしいのです。

我慢しないってのは「そういった感情を表に出すってこと」です。

我慢するってのは「そういった感情を表に出さないこと」です。

そして心が浮上してきたなと感じたら、ノートを誰かに見せてみてください。

夫や妻、パートナー、両親、子ども、友達、仲間に見せてみると、意外な反応が返ってくると思います。

「えええええええ、そんなこと感じてたの？」

「我慢してるなんて知らなかった」

「やりたいからやってるんだと思ってた」

周囲の人からは、あなたの頑張りや不幸な前提は見えませんから「すべて好きでやっている」としか思っていません。だから、だいたい互いにびっくりすることになります。これ、やってみるとけっこうおもしろいですよ。

そしてもうひとつ、自分の中の「嬉しいこと、楽しいこと、好きなこと」を書き出す、通称「ドリカムノート」も作ってみてください。

■お誘いされると嬉しい！

■ほめられると嬉しい！

■ディズニーランド楽しい！

■お出かけ楽しい！
■友達とお茶するの大好き！
■音楽大好き！
■洋服大好き！

何個でも書き出して、「私はこれが嬉しい、楽しい、大好きなんだ！」と自覚しましょう。自覚できたら、日常生活で言葉や態度にあらわれます。

新しい前提をそうやって生み出すんです。

「嬉しいなぁ、楽しいなぁ、大好き！」を表現していれば何度も何度も、その感情をもたらすことがやってきます。これまでやってきた我慢と同じように、今度は「嬉しい、楽しい、大好き」を証明する、証拠集めが始まります。周囲もあなたの「人生って嬉しくて、楽しくて、大好きなことばかり！」を証明するように、さまざまなことが動きはじめるでしょう。

何度も言いますが、人生は証拠集めの旅なんです。

そして、その証拠はあなたの前提によってガラリと変わるんです。

一度きりの人生。

せっかくなら我慢の証拠を集め続けるのではなく、楽しいことや大好きなことをたくさん思い出して、嬉しい楽しい大好きの証拠を集めて生きていきたいですよね。

ドリカムノートは、文字通り「夢をかなえるノート」です。今こそ、あなただけの魔法のノートを開いてみてください。

NALI'S PSYCHOLOGY

「ワクワク」という言葉に惑わされて、ひんしゅく買ってない？

「自分を大切にしています。
自分の心に従って
ワクワク楽しいことだけします。
心が動かないときは、
ドタキャンもします」

「あなた、
ちょっと体育館の裏に来てください」

「自分大切期」はダイヤじゃなくてまだ〝ジュエリー〟ゾーン

人の持つ悩みや問題の原因はすべて自己否定にあります。

自己否定ってのは、自分のことを「まだまだしょうもない」と決めつけることです。

自己否定をしていることに気づいた人の中には、心のことを学びはじめる人も多いことでしょう。心のことを学ぶと「まずは自分を大切にしよう」「まず自分を愛そう」ということを知るわけです。

自己肯定感が低く、我慢ばかりしてきた人が、「自分を大切にして幸せになろう」と決意して、これまでできなかった「自分の意見を伝える」「我慢をやめる」をしはじめると、人生は好転しはじめます。

ナリ心理学では、これを「自己否定ゾーン」から「ジュエリーゾーン」への移行と呼んでいます。

自分のことを「ただのしょうもない石ころ」だと否定していた人が、「自分はジュエリーかもしれない」「自分を大切にしなければ」と思いはじめる。そのとき、これまで自分がやらなかったことをやりはじめます。それが「自分大切期」です。

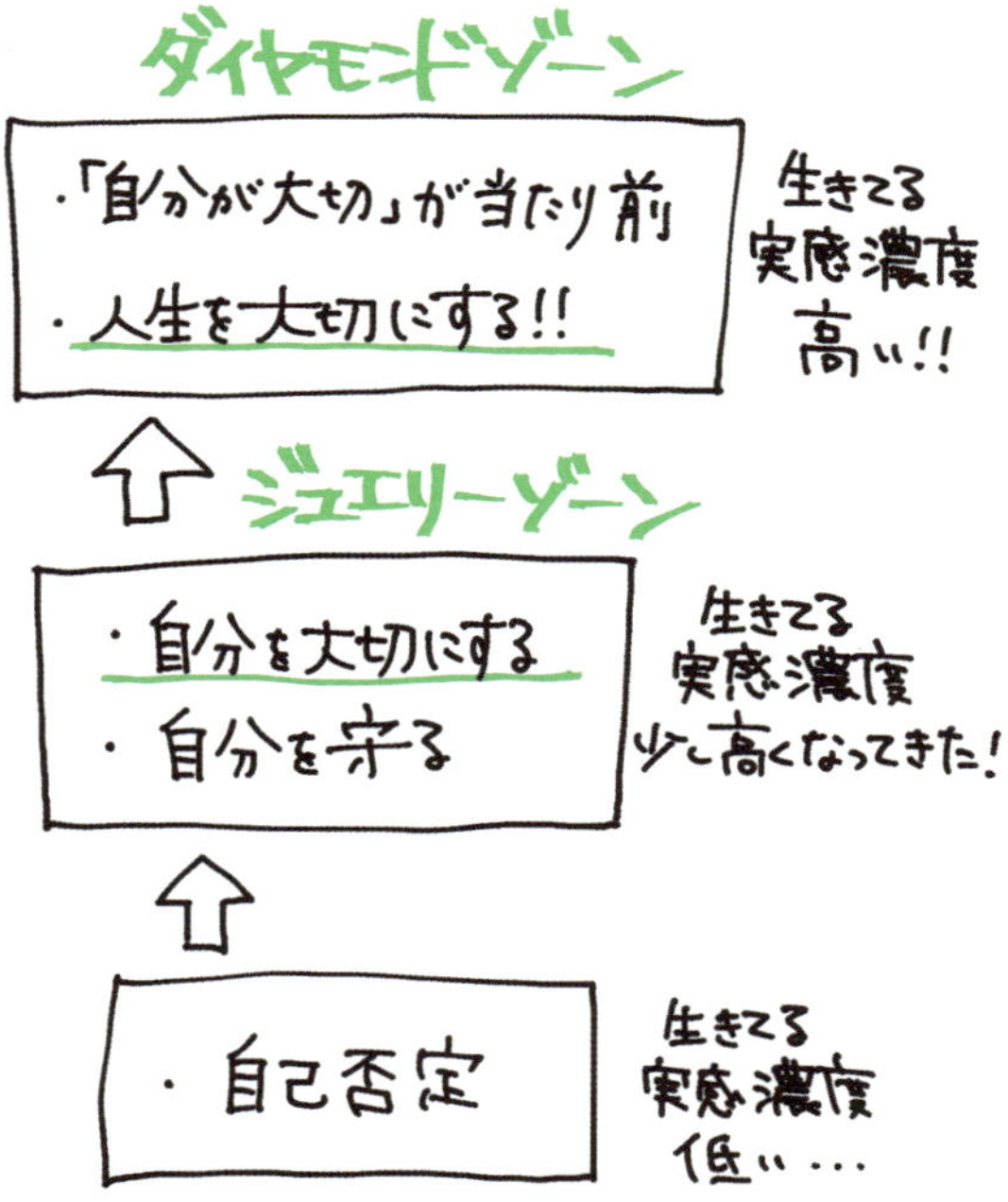

「私は大切な存在だから、傷つけられてはいけない」と、強く決意し、自分を大事に扱わない相手をゆるさないくらいの覚悟。自分の心を大切にし、心地よくないときはその感情に従って、その場を立ち去る。

これまで自分が自分のために主張しなかったことを主張してみること、自分の気持ちを大切にすることはとても大切なこと。ですから、「今その時期だ」と思う人は、思う存分ジュエリーゾーンを楽しんでください。

でも、その時期はいずれ卒業する必要がある、ということを僕はお伝えしたいんです。

ドタキャンが絶対にダメ、とは思わないけれど、「行きたくない」って心がそう叫んでいるからと、ドタキャンする段階というのは、まだジュエリーゾーンということ。だってドタキャンされたほうは、まぁ普通に迷惑被るわけですからね。

ジュエリーゾーンの人は、次に来たるべき「ダイヤモンドゾーン」へ移行していくはずなんです。目指すはこの「ダイヤモンドゾーン」です。

このダイヤモンドゾーン、何せ「私はダイヤモンド」ですから、どんなときも最高に輝いているし、誰からも傷つけられることはありません。傷つけてくる人の話は、そこに愛がないと判断したら無視。そう、必死になって自分を大切にしなくても、勝手に大切に扱われるし、必死に自分を守らなくても、傷つかないと知っている。傷つかないから、わざわざ意識して大切に扱わない。そもそも「自分を大切にしなくっちゃ」という意識すら、当たり前すぎて無意識になる。……これが「ダイヤモンドゾーン」への突入です。

ダイヤモンドゾーンの人は、自分が大事なのが当たり前。

ジュエリーゾーンのその先の「人生を大切にする」ゾーンにいます。自分が大切、を卒業して、自分の人生が大切、に到達しているのです。

たとえば、ジュエリーゾーンの人が「なめんなよ、このやろう」と言うところでは、ダイヤモンドゾーンの人は「別になめられても何も起きないし、それよりお寿司食べよ」ってな感じです。

ジュエリーゾーンの人が「バカにするな！」と言うところでは、ダイヤモンドゾーンの人は「バカにされてもなー。ま、それより、ポテチたーべよ」ってな感じ。


自分を大切にするのは、ゴールではなく通過点。

本当のゴールは、自分は大事な存在だというのが当たり前の状態で、

「人生を大切にする」こと。

今、ジュエリーゾーンまっただなかにいる人は、まずは自分を大切に。

そして、そこから先があることを忘れずに、今自分が、ダイヤモンドになるプロセスの中にいるのだと認識していてくださいね。

そして「ご自愛」に飽きたら、次はダイヤモンドゾーンを目指してみてください。

「ご自愛」ではなく「ご人愛」しましょうよ。ゴロが悪いけど。笑。

「引き寄せブログ」書いてるのに引き寄せてないじゃん

「私、引き寄せブログ書いてるんです」

「ほう、たくさん引き寄せたんですね？」

「えーと、これから頑張って引き寄せます」

「頑張る引き寄せって何？……」

「引き寄せるから幸せ」じゃなく「幸せな人が引き寄せてる」だけ

引き寄せのブログを書いていて、実際に引き寄せまくって幸せな人は、もちろん、そのまま幸せを引き寄せ続けて幸せになっていくのが最高だと思います。

でも、もしも「引き寄せブログをやっているのに、なかなか引き寄せられない」とか、「引き寄せブログをやっているのだから、引き寄せないと」と、引き寄せたことにしてしまっている人は、たぶん、引き寄せは向いていない。

だって、それって、

「引き寄せじゃなくて、自分への嫌がらせ」でしょう？

というのも、結果が欲しい人は、結果が向こうから歩いてやってくるのを待つのではなく、すぐに行動しています。しかも、迷わずまっすぐに。

だから、あなたが行動せずに「引き寄せたい」のに「引き寄せられない」と思っているものは、じつは、本当に欲しいものではなかったり、今の現状から逃げたいだけなのかもしれません。

僕は、基本的には「引き寄せの法則」とは、「引き寄せなくても最高に楽しい」の法則だと思っています。

「恋愛を楽しみたい」というときに、素敵な出会いがあるでしょうし、「仕事を楽しみたい」というときに成果が出る。お金を使うことを楽しんでいれば、お金が入ってきたり、人生を楽しみたい人のところには素敵なできごとが起きる……。

今をとことん楽しんでいれば、結果がどうであれ、すべてが楽しい。

これは、引き寄せといえば引き寄せですが、引き寄せではないといえば引き寄せではありません。

なぜなら、

結果の価値を決めるのは、今を楽しんでいるかどうかだから。

楽しく過ごし、すべての結果を楽しんでいれば、それは結果的に「引き寄せの法則」を使い、引き寄せたことになります。

でも、「今は楽しめてないいんだけど、結果は欲しい」となると、苦しみが生まれます。そういう人には、引き寄せは向いていない。僕のところにも、そういった相談がたくさんあります。

「引き寄せられていない」と悩んだり、嫌なことが起きているのに「これも、最善なんだ！」と無理やりポジティブに引き寄せているかのようにブログを更新するくらいなら、いっそのこと「引き寄せなくても、私は最高に幸せ」になることのほうが大事だと思います。

おすすめしたいのは、

「引き寄せても、引き寄せなくても、毎日が楽しい。どちらにしても、私は最高に素敵。は〜。幸せ。さて、しゃぶしゃぶ食べ行こっと」

そのくらいのラクな心持ちです。

楽しい気分でいたら楽しいことは勝手に起こります。不安も恐れも減りますし、行動する勇気も湧くでしょう。楽しそうな人のところには楽しみたい人が集まり、仲間も生まれます。そうやって、自分が欲しいものや、やりたいことへの最短ルートを自然と選んで進んでいくことでしょう。

一番大切なのは、今、幸せな気分でいること。今、楽しむこと。

引き寄せるから幸せになるのではなく、幸せな人がただ引き寄せてるだけなのね。笑。

「私なんて石ころだから」から生まれる苦しみの中で必死になって結果を引き寄せようとすれば、結局は苦しみが引き寄せられます。人生は証拠集めの旅という話をしましたが「私は石ころだから」という前提を抱きつづける限り、その証拠が集まってくるんです。

ときおり僕のところにこんな質問が来ます。

「やりたいことをやれたら幸せになれますか?」

これも、引き寄せの原理とまったく同じこと。超逆です。

やりたいことをやっていてもやっていなくても、幸せな人は幸せだし、結婚してようがしてなかろうが、幸せな人は幸せだし毎日を楽しんでるよ。

結果に執着してしまうのは、自分を否定してるから。

自分を肯定すると、結果への執着から解放されます。解放され、のびのびやっている人に、結果はやってくる。ものごとがうまくいくしくみって、こうなっているんだと思います。

NALI'S PSYCHOLOGY

パートナーが見つからない人の共通項って、これ

「結婚すると決めました。
覚悟して、
めちゃくちゃ行動しています
絶対失敗したくないから！」

「うーん、いい男は
目が血走った女性からは
逃げていくかもよ？」

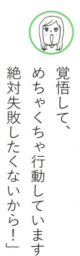

血走る目に良縁は見えていない

素敵な人に出会いたい、いい恋愛がしたい、とウキウキしているのではなく、「結婚したい」と強く思って行動しているときは要注意です。

チカラが入りまくって、

「結婚しないとヤバイ」
「結婚しないと人生終わる」
「結婚していないとなんか負けてる気がする」
「結婚しないと豊かな生活ができない」
「結婚しないと幸せになれない」

と、なんだか目が血走っているようで、男から見ると正直怖いんです。

そんな女性に言いたいのは、まず、

チカラを、抜こ！

です。タコかよ！　ってくらい、チカラ抜こ！

もちろん、「結婚する」と決めて、活動するのはいいんです。

問題は、「結婚しないと生きていけない」「結婚しないと幸せになれない」と思い込んで、切羽詰まってしまうことです。

「結婚をしなくても、自分はダイヤモンドで素敵だし、毎日楽しくて笑えるし、まあいっか」

と思えている女性は、目が血走っていて自分を石ころ扱いしている女性よりも間違いなくモテます。

結婚をしたか、していないか。つまりは、パートナーがいるかいないかによって、自分の価値は変わらないのです。

「結婚してないこと」を自分の中で敵にしてしまうと、「結婚しなきゃ」と自分にプレッシャーを与えることになり、そのプレッシャーで、つらくなってしまいます。

「結婚しなくても、幸せに生きよう。さて、何して楽しもっかな！」と思えたとき、たぶん、自分史上めっちゃモテる自分になっていると思います。だから、

血走った願望よりも、楽しいほうへと進むこと。

理想の結婚、理想の相手を見つけようと必死になりすぎている人の顔は険しく、「どんな人生でもいいやん」って笑っている人の顔は、無駄な力が抜けてやわらかい。

そりゃモテるよね。

「成功しなくてはならない」と、必死になるから失敗が怖くなり動けなくなるわけで、失敗してもいいやと思ったときにこそ、成功率が上がる。

人は、「絶対に負けてはならない」と思うと、必ず力が入ってしまう生き物です。力みは、良い結果を生みません。要らぬところに緊張を生み、うまくいくはずだったことすら、容易にできたはずのことすら、その力みによって、マイナスの結果に導

かれます。

「絶対に負けられない戦い」という言い方がありますが、僕にしてみれば、その「絶対に負けられない戦い」をしている時点で負け。

結婚だってそうで、「失敗しない婚活」を目指している限り、空回りし続けます。

過去の恋愛で傷つき、「次は結婚する人としかつきあわない」と強く誓ったり、「絶対離婚したくないから、相手は完璧な人を選ぶ」と考えていたりする人がいますが、「失敗してはならない」という力みがそこにある限り、うまくいかないもののようです。

一方で、スペックの高い男の都合のいい女にされて疲れ果てていた女性が、「もう一生独身でもいいや。私の人生、私がまず楽しもう」と思ったら彼氏ができ、あっというまに結婚……という報告は僕のところには後を絶ちません。

「失敗してはならない」というとき、人はハプニングを避けたくなるものですが、ふられること、離婚することがハプニングなら、出会いも、つきあいはじめることだってハプニング。ハプニングをまるごと避けようとすると、そもそもの出会いすら、手に入らなくなるってこと。

「この人と結婚しても大丈夫だろうか」

「他にもいい人がいるんじゃないか」

「結婚して豹変《ひょうへん》したらどうしよう」

「離婚することにならないだろうか」

「結婚前にふられたりしないだろうか」

「子どもを大事にしてくれなかったらどうしよう」

ほら、これ全部起きてもいないハプニング予測でしょう？

だけど、それらのハプニングが「絶対に起きないようにしたい」なんて考えていたら、何もしないのが一番です。絶対に失敗しない方法は、いつも何もしないことなのだから。

だから、幸せになりたいのなら、ハプニング全般を、「受け取り許可」する必要があります。

実際にいろんなできごとや結果が訪れるから、その中から自分で選んでいくこと。

それは同時に、

「絶対に負けられない戦い」から離脱して人生の主導権を握るということ。

でもあります。

そしてじつは「負けてもいいや」と思えたときにこそ、「負けのない人生」が手に入っちゃうんです。負けても笑ってる人には、誰も勝てないでしょう？

相手選びで言えば、「この人と一緒にいたら完璧に幸せな人生が送れる」という相手を探そうとすると、相手がちょっとでも自分の思い通りにならなかったらもう負けですが、「この人と一緒にいたら不幸すらおもしろい」と思える人を探せば、相手が失業しようが、じつは変な趣味があろうがずっとハッピー。

つまり、言い方を換えれば「勝ち」ですよね。

人生の主導権を握る、ということは、起きることすべてを受け取ると決めること。

完璧をあきらめて「なんの問題もなく完璧な人生を送ること」をあきらめること。

でも、「完璧をあきらめる」ということは同時に、「想像以上の結果を受け取る準備をすること」でもあるんです。

そう、完璧をあきらめると、あなたの考える「小さな完璧」よりももっともっと素敵なハプニングが起こりはじめますから、お楽しみに!

NALI'S PSYCHOLOGY

V字逆転じゃなくて「最初から幸せ」でもいい

「映画の主人公になったつもりで、自分の人生を描いて、主役演じてます」

「それはそれは、すごいドラマが待ってそうですね」

「でしょう？　どん底からの人生大逆転をねらっているんです。やっぱ、V字じゃないとね」

「え、最初から最後まで幸せじゃダメなの？」

ギリギリフェチな自分に気づこう

ドラマのように人生のシナリオを設定し、演じるように生きる。それ自体はきっと、刺激的だと思います。ですが、

「いつも、給料日の前にはお金がギリギリになって苦しい」
「いつも、仕事でなんらかの修羅場をくぐり抜けている」
「いつも、振り向いてもらえない恋をしている」
「いつも、誰かとトラブルになってしまう」
「いつも、お金がなくて、いつも忙しい」

いつも、いつも、いつも、なぜかギリギリな状況が続く人は要注意。それこそが、夢をかなえる道をどんどん複雑にしている「ドラマティック症候群」かもしれないか

らです。

ドラマティック症候群とは、どんな人たちかというと、

「普通の人生は嫌だ！　普通の人生なんてつまらない」

「僕は特別でいたい」

「一度きりの人生だ」

「人とは違うことをやり遂げたい」

「明日死んでも後悔しないように生きよう」

とか思っている人たち。つまり、

「波乱万丈じゃないとつまらない!!」って人たちです。

劇的で、ドラマティックな、自分だけのファンタジックな世界を望み、まるで、アニメかドラマの主人公になったかのように、次から次へと困難に直面し、果敢に立ち向かう。通る道、通る道、敵が現れ、イベントが起きます。だって、本人が普通に生

きるのが嫌なんだから、しかたがないですよね。

障害を乗り越えるのが人生。そんな前提だから、案の定、障害がめっちゃやってくる。これでもかってくらいに。笑。

そして「簡単にラクにうまくいく方法あるよ！」と知ってても、聞かなかったフリをするか「そんな、簡単な方法で夢をかなえるなんて間違っている！」と、やっぱりわざわざ困難な道を選ぶ。

このドラマティック症候群の人たちは、とにかく我慢強いし、逆境に強い。

それによって磨かれた能力は、たしかに超すごい。それにすごく役にも立つかもしれない。だから、一概に「それはダメだよ」とは言えないけれど、僕がお伝えしたいのは、「簡単にうまくいっていい！　ってのも選べるといいと思いますよ〜」ってことです。

そもそも、ドラマティック症候群だと、

「簡単に幸せになってはいけない！」

「ラクにお金稼いではいけない！」

「努力なく結果を手に入れてはいけない！」

「なんとなくうまくいってはいけない！」

「我慢しなきゃいけない！」

「何事にも困難がつきものである！」

「簡単に手に入れたらつまらない！」


という強い強い禁止令が脳内に発令されていて、無意識のうちに、自分を縛りつけながら行動しています。すっごい重いダンベルを持ちながら行動してる感じです。鍛えられるけど、これってつらい。

結果、最後には倒れてしまったりして、強制終了されてしまいます。

でもそれすら、なぜかかっこいいと思ってしまう。障害こそ我が人生だから。笑。

もしもあなたが今、自分のドラマティック症候群を自覚し、苦しい状況から抜け出したいと思ったのなら、

ラクして夢をかなえたってぜんぜんいいんだよー！

って伝えたいし、そして、周りにいる、「ラクして生きてる人」のことも応援してあげるといいですよ、とアドバイスしたいです。

ドラマティック症候群の人って、ラクして生きてる人が嫌いな人が多い。ゆるせないんです。だって、「自分はこんなに頑張ってるのに、なんだよ、ラクに生きやがって……無責任だ！」ってね。笑。

ラクして生きてる人がゆるせないから、自分もラクして生きられない。人を否定してるから、自分も周りから否定されると思うしね。だから「だって、あんなふうになりたくないし！」とか言って、我慢する。頑張って障害を乗り越える。

ラクに生きてる人をゆるすと、自分もラクに生きられるよ。

もう、自分もあんなふうになってしまえばいいのよ。笑。

「感謝しまくる」人が、じつは一番感謝しなければならないこと

「なんにでも感謝していれば幸せになれるって聞いたので、毎日感謝しまくりです」

「そっかそっか、じゃあお母さんにも感謝してる？」

「え！　いえ、私、母からはひどい目にあったので、感謝できません」

「してないじゃん！」

感謝よりも前にするべきことがある

ハーバード大学の70年ほどかけた研究で、あることがわかったそうです。

何かというと、「ハーバード大学にかつて在籍した男性で、より高収入を得られたのはどのような人か」です。

当然、ハーバード大学卒比なので、基本的に、高給取りだというイメージがあるのですが、その中でも、

「母親との関係が温かかった人」

の収入が多いことがわかったそうなのです。

僕はこれを聞いて、ものすごく納得しました。

なぜなら、温かい家庭で育つ=自分がダイヤモンドだということを忘れず認識して

成長していくからです。

特に重要なのは、お母さんとの関係です。

なぜなら、あなたが今見ている世界や自分以外の人との関係性は、幼少期のお母さんとの関係がそっくりそのまま再現されているからです。

もしもあなたが、お母さんに愛されていないと感じるとしたら、世界からも愛されていないと感じている確率がとても高い。

だから世界は敵だらけになるし、お母さんから信頼されていないなと感じていたとしたら、世界も自分を信頼してくれるはずがないと感じていることが多いから、世界を敵にしようとしてしまう。

その状態で、何かにつけて感謝をしようとしても、心のどこかで、しっくりこないことでしょう。

お母さんから愛されていないと思って生きてきた人は、これまでの人生の中で、本当にたくさんの人からの、

「愛してるよ」

「大好きだよ」

「そのままのあなたでいいよ」

「ここにいていいんだよ」

「何もしなくていいよ」

「役に立とうとしなくていいよ」

「気を使わなくていいよ」

「思ったことを伝えていいんだよ」

「我慢しなくていいよ」

「楽しんでいいよ」

「成長していいよ」

「成し遂げてもいいよ」

「幸せでいていいんだよ」

という、自己肯定感を高める、つまり自分がダイヤモンドであることを認める言葉を受け取り損ねています。

お母さんをゆるせていないこと

それが、あなたの願望がかなわない理由です。
それが、あなたが受け取れない理由です。
それが、あなたがうまくいかない理由です。
それが、あなたが引き寄せない理由です。
それが、あなたが結果だけ欲しがる理由です。

と言うと、「幼少期ってことはもう無理じゃん」と思う人がいるかもしれませんが、大丈夫ですよ。

大人になってからでも、人生にすってんころりんしてからでも、低収入で困っていても、自分を責めまくっていても、これから愛されていたことを受け取り、自己肯定することは可能です。

あなたは必ずダイヤモンドですから、安心して読み進めてくださいね。

第2章

あの呪いを解くことから始めよう

NALI'S PSYCHOLOGY

「愛されている」と「信頼されている」は別モノ

「母親に愛されてないと、人生うまくいかないんですよね？」

「そうだよ」

「でも私ね、めちゃくちゃ愛されてたんですよね。お母さん大好きだし」

「あ、じゃあ愛されてたけど、信頼はされてなかったのかもね」

愛されていた事実を、見て見ぬフリしない

あなたは誰から生まれてきましたか?

そう、お母さんからですね。

それではもうひとつうかがいます。

あなたの「人生の前提」はどこから生まれてきたのでしょう?

じつはこれも、お母さん(や、お母さんの役割を担った家族など)からです。

正確に言うと、あなたとお母さんとの関わりは、生まれて初めての人間関係で、人生の土台を作るもの。だから、お母さんの考え方や普段の態度から学びながら、あなたはあなたの人生の土台、つまり前提を構築していくわけです。

いろいろな心理学の中でお母さんとの関係が今の自分に影響していることは伝えられていますが、そこで述べられているのは支配的な親、いわゆる毒親についてとその対策がほとんど。

でも、人生がうまくいっていない人が抱えるお母さんとの関係性の問題には、どうやら2パターンあるようなんです。

お母さんから支配されて自分の思ったことも言えずにひたすら我慢してきたという人、暴力やモラハラまがいのことを言われて自己肯定感がボロボロになったという人は「我慢」や「ぞんざいに扱われる私」が前提になってしまいます。

結果、

「こうしなくてはならない」

「人の顔色をうかがわないといけない」

「認められてない」

「必要とされてない」

という思いから、なかなか抜け出せなかったりします。

これらの根底にあるもの、それは「私は母に愛されなかった」というものです。

しかしじつはもうひとつ別の点で、母親が影響を与えるケースがあるように思うのです。

それは、母親からとても愛されて育ったけれども、何かにつけて心配されたり、自分で頑張る前にやってもらっちゃったりすることで、物事を成し遂げる力を失っている人のこと。

そんな人が欠けていると感じているのは「信頼」です。

自分は、母親に愛されたけれども、「信頼されなかった」。

信頼されたかったけれども信頼されなかった――。

これを抱えて生きている人も多数いるようなのです。

こういうタイプの人は、

「自分は何をやってもできない」

「成し遂げるなんて自分には無理なんだ」

「いつも信頼されてない」

「やってもどうせ無理だ」

という前提を持ちやすくなります。

この前提で生きると、時間やお金にルーズだったり、お金はあるにもかかわらず公共料金の支払いができなかったり、片づけや身の回りのことが極端にできなかったりといった、自分の面倒を自分で見ることが苦手になったりします。

しかも、お母さんには大切に育てられたがゆえに、自分はダイヤモンドだと知っている分、「プライドがものすごく高い」のです。


つまり、母親に愛されなかった（と思い込んだ）がゆえに、「自己肯定感が低く行動できないタイプ」と、母親に愛されたけれども信頼されなかったがゆえに、「プライドが高いくせに、『でもどうせできない』と行動できないタイプ」とがいるのです。

ちなみに僕はこの後者のほうでした。

「両親との関係は最良なのになんでこんなに生きづらいんだろう」と思ってたら、まさか「母親から信頼されている」という感覚が足りなかったことが原因だったとは！

気づいたときには衝撃でしたよ。本当に。

「そうか、愛されてるけど！　信頼されてなかったんだ!!」ってね。

「愛されなかった」のか「信頼されなかったのか」。

自分がどちらの傾向にあるのかは、ご自分でなんとなくわかるかもしれませんが、、
僕自身や、周囲や、相談してくださる方々を広く見渡してみて、そこには兄弟関係も影響しているような気がしています。

長男長女は「母親からとことん支配されていて、愛されていない」と感じる傾向があり、中間子末っ子は「母親からめっちゃ愛されているけど、信頼されていない」と感じる傾向があるようです。

だからよく言われる、

母親に愛されていないと思っているから、人生がうまくいっていない

というのが長男長女（第1子）。兄弟の中で唯一、名前ではなく「お兄ちゃん」「お姉ちゃん」と役割で呼ばれる存在。そしてことあるごとに「お兄ちゃんだから」「お姉ちゃんだから」と言われ、役割を与えられて演じ続けた結果、大人になっても「お兄ちゃん」「お姉ちゃん」であろうとし続けます。

常に愛情への欠乏を感じ、お母さんの愛を勝ち取るために、いつまでも「優秀なお兄ちゃん（お姉ちゃん）」であろうとします。これをナリ心理学では「役者病」と呼びます。

一方、

母親にめっちゃ愛されたから人生がうまくいっていない

という中間子や末っ子の多くは、降り注ぐ親の愛を受けてすくすくと育った人が多いのですが、兄弟の中では年が下なだけで「できない」立場でいたために、大人になってからも「できない子」として扱われ、心配される傾向があります。

つまり、いつも「大丈夫？　ハンカチ持った？」「宿題やったの？」「部屋掃除した？」「あんたは本当に手間のかかる子ね！」という扱いをされ、信頼されているという実感が乏しい。

愛されている実感はあるものの、「信頼されていない」と感じる傾向があります。

	母から愛されていない	母から愛されている
信頼されていない	生きてる実感に乏しい おびえている	次男・次女 末っ子・ひとりっ子 に多い 「中二病」多し
信頼されている	長男・長女 に多い 「役者病」多し	超生きてる 世界に敵なし

時間を巻き戻さずとも今からできること

では、自分の人生がなんだかうまくいかないと気づき、その原因が母親からの愛や信頼感の欠乏にあると気づいたら、いったいそこからどうやって人生を変えていったらいいのか。

大切なのは、原因自体よりもそこですよね。

これまでの人生は変えられないから、これからをどう変えればいいのか。それをお伝えしたいと思います。

まずは、長男長女の「役者病」。

根底にある「母親から愛されていない」という思いのせいで、「こうでなくては」という思いにとらわれたり人の顔色をついうかがってしまったり。生きづらく感じるならば、とことん「人に甘えてみる」という経験を積むことをおすすめします。

愛されなかった、と感じる長男長女は、（過去には戻れないから）今からでも、とにかく人に甘えてみること。

そして、

「私は甘えても良かったのか！こんなにも愛されていたのか」

と実感して「役割を捨ててもいい」という許可を自分で自分に出すことで、生きづらさが少しずつ解消されていくでしょう。

ありのままでも愛されることを知った上で、役者としての能力を思う存分発揮できるようになると、彼らはどこでも才能を開花させて、幸せに楽しく生きていけるようになるからです。

では、「母親からの信頼感」が乏しい中間子・末っ子はというと、ちょっとだけ今までやらなかったことを「言われる前に、先に」やってみること。

それだけで、周囲からは「すごいね」「できるね」と認めてもらえることもあるでしょう。母親本人から「大人になったねえ」などと、認めてもらえることで、直接、「信頼されていなかった」という欠乏感が解消する人もいるかもしれません。

「なんだ！ ちょっとだけ先にやれば私だって信頼してもらえるじゃないか」

という体験をすれば、中間子・末っ子も自分への自信を取り戻すことができて、人生が少しずつうまくいく傾向があるのです。

自分自身への信頼感も生まれると、彼らは最強です。

もともとが自由で、型にはまらない気質。パワーもあるし、行動力もあって、独創的だから、どんどん世界を切りひらけます。

「愛」と「信頼」。

愛されなくても人生はうまくいかないし、信頼されていなくてもやはり人生はうまくいかない。両方が必要だったわけですね。

それは、人生を解放してくれる重要なキーワードですが、過去に戻って取り戻すことができなくても、人生は終わりではない。今からでも補完していけるものなんです。

「人は“ゆるせない人”に似ていく」の法則

「うちの会社のお局《つぼね》女子、ホントイヤミなんですよ」

「そうなんだ」

「すぐ、こんな有名人と食事したとか、あそこに行ったとか、充実してますアピールがすごいわりに、話がつまんなくて」

「そ、そっか……（君みたいだよ）」

あんな人みたいになりたくない！の落とし穴

「お母さんのようには絶対なりたくない」
「なんかお母さんってかわいそう」
「お母さんって楽しくなさそう」
「あんなお父さんと私は結婚したくない」
「お母さんってなんか不幸そう」
「お母さんが嫌がるんだよね」
「うちのお母さんって面倒で」

このセリフに、心当たりがありますか？
じつはこれ、母親に今でも「精神的に支配されている人」がよく言うセリフなんです。

自分が長年、母親に対して我慢してきた事実を心の中で握りしめ、ゆるさず、まだ手放していない。そんな人がつい口にしてしまう言葉なんです。

「お母さんみたいになりたくない」は、お母さんにまだ支配されている証拠です。

これ、「お母さんみたいになりたいと思おう」と言いたいわけでは決してありません。

「お母さんみたいになりたくない」という「反応だけ」に注目してほしいのです。

じつはお母さんに支配され、我慢して生きてきた人は、「自分が我慢していることを、他人にも我慢させよう」とします。そう、お母さんにされたこととまったく同じことを、無意識に他人にもやってしまうのですね。

だから「お母さんみたいになりたくない」と思ってる人は、お母さんみたいになります。

「お父さんみたいな人と結婚したくない」と思ってると、父親に似た人を夫にします。

「両親のような夫婦になりたくない」と思っていると、両親のような夫婦になっていきます。

人はゆるせない人に似ていく。

それが、人の心のしくみだからです。
両親との関係だけでなく、それ以外の人についても同じです。
無責任な人をゆるせないとき、人はどんどん無責任になっていきます。
お金のない人をゆるせないとき、自分もどんどんお金の不安が強い人になっていきます。

きゃー怖い。
人はおもしろいように、ゆるせない人にどんどん引っ張られていくのです。そして、引っ張られないように抵抗するのにはまた大変な労力が必要です。

嫌いなものは、ゆるせばどんどん離れていくのにね。

怒りの原因って、全部これ

お母さんを否定している限り、自分を否定します。

そして、すべての人を否定し続けることになります。

お母さんから否定されて育ち、

「お母さんが嫌い」

「お母さんがゆるせない」

「お母さんみたいになりたくない」

という感情を今でも持っているならば、その怒りは収まらず、母親に会えばケンカ、言い合い、お互いを否定。ふたりしていつも「おまえ、いいかげんわかれよ!」「なんで話してもわからないんだよ!」「何言っても否定ばっかりだな!」のやり合いでしょう。

そこにある本当の感情は「お母さんにわかってもらえない」という悲しみです。母親のほうも、「子どもにわかってもらえない」という悲しみを抱いています。

お互いに、持っている悲しみに気づいてもらえない状態が続き、そこから湧き上がる感情が怒りとなって吹き出すのです。そう、まるでマグマのように。

これはやがてお母さん以外の人に対しても起きるようになります。

自分の夫や子ども、友人、上司など。

自分が関わるすべての人に対して同じように怒りを感じながら生きるようになっていくのです。

なぜなら大もとの「悲しみ」が解消されることなく、ずっと残っているからです。

「私はわかってもらえない」という悲しみのマグマは、ずっと心の奥でくすぶっているのです。

お母さんとは、自分の世界そのものです。

お母さんにわかってもらえていないと思っている人は、自分は周囲から理解されない、と思って生きていきます。

お母さんに対する姿勢が、周囲の人への姿勢となります。

そしてその前提を証明するために、現実にその証拠を集めるのが人生。「私はわかってもらえない人間なんだ」を証明する証拠集めをし続けてしまうのです。

つまり、否定されると突然キレる人、謝るのが苦手すぎる人、なんでも否定されていると感じる人というのは、心に「私はわかってもらえてない」という悲しみを蓄え続けている人であり、自分を支配してきたお母さんをゆるせず、我慢させられてきたこと、わかろうとしてくれなかったことをゆるせない人でもあります。

「否定すると噴火し、肯定すると鎮火する」の法則

これらを沈静化させる魔法のワードがあります。
それはお母さんに対して、

「なるほどー」
「わかるー」
「さすがー」
「ありがとー」
「ためになったわー」

を使うことです。怒りや悲しみは否定されると大きくなります。

だから、ひとことお母さんを肯定してみるのです。最初はムカつくと思います。正直嘘でもいい。全然嘘でいいです。笑。この嘘はいつか本当になりますから。

よく、サービス業や営業のクレーム対応の話で、「お客様が怒っていたら、まずはすべてを一度受け止めて肯定すること」なんて言われますよね。それと同じです。受け入れられると、人は鎮火します。

お母さんは肯定されると、鎮火します。

ぜひ、やってみてください。人を鎮火させるのってめちゃくちゃ快感なんですよ。僕もたまに、ほぼただの悪口の批判コメントなどをもらいますが、そこで反論せずに「わかる〜！　教えてもらってホント助かりました〜〜！」と反応をすると、相手の態度が急変します。「え？　何？　おまえ、話のわかるやつだな。これからも頑張ってよ！」なんて逆に応援されることもあったりして。

このときは本当に快感です。笑。そしてみんなハッピー。

この技法は自分自身にも応用可能です。

たとえば、貯金ができなくて悩んでいる人というのは、まず「貯金ができない自分を否定している人」です。

人から否定されるのはもちろん、自分でも「ダメだな、自分って」と思っている限り、自分で自分を否定していますから、怒りや悲しみが増幅し噴火します。だんだんと、「貯金」と思い浮かべただけでムカつくようになり、イライラして、よけいに自分を責めはじめます。

これじゃあ、貯金なんてできませんよね。


でも、「貯金なんてできなくってもまあいいか」と自分に言えたとしたら、噴火している「貯金ができない自分ってダメ」は小さくなり、気にならなくなります。

問題の本質は「貯金ができないこと」ではなく「貯金できない自分を責めている」ことだからです。

実際、貯金できないというのって、僕にはすごい才能に思えるんです。貯金がないって貯金してる人から見たら、ほとんどびっくり人間ですよね。その度胸に驚くほど！

僕の知り合いにも年収1000万円は確実に超えてるのに、貯金がリアルに10万円くらいしかない人がいますが、人生すごく楽しいそうです。僕はそれを見て「この人ってたぶん何があっても笑ってるんだろうな」と感心してしまいます。

つまりこの人の場合は、「貯金ができないのが才能」なのではなく「他にすごい才能があるから」貯金ができないのです。

そういう視点で考えてみれば、部屋を散らかしている人は、

「散らかっている部屋に耐性を持ってる才能」

があって、

人見知りな人は、

「パーソナルスペースをとことん大事にする才能」

があると言えるでしょう。「人のパーソナルスペースを大切にする才能」があるとも言えます。

「何かができない」ということの裏には、才能が眠ってることが本当に多い。そうやって自分を見てみると、不思議とできないことが気にならなくなります。

「……できない、苦手」の反対は「……できる」ではなく「気にならない」が正解なのです。

苦手なことって克服しなきゃと思いがちですが、僕が思うに克服しなくてもいいと思います。それより、その裏に隠れている「才能」を伸ばしましょう。

その結果、「そんなことが気にならないくらい、自分は素敵」になってしまえばいいのだから。

心配って、けっこううっとうしいよね

「ハンカチ持った？」

「うん」

「忘れ物ない？」

「うん」

「傘持っていきな！」

「うん」

「トイレ済ませた？」

「……」

誰かを「心配する」なんて、おこがましい

「悪いことが起きたらどうしよう」

「彼氏が浮気したらどうしよう」

「あのニュースに出ていたあの人かわいそうで心配」

「大丈夫？　なんか元気なさそう」

「何もなければいいいんだけど」


心配がクセになっている人、けっこういます。

でも心配ってじつはされる側にとって

けっこう迷惑だし、
正直なところ、かな〜りうざいです。

なぜかというと心配をするということは、

「あなたは大丈夫じゃない」

「おまえって、ダメだなぁ」

「君はまだまだね」

と言っているのと同じだからです。


子どもに向かって「ちゃんと勉強したの？」と心配をするのは、

「この子はどうせ勉強をしない子だ」

「私が言わないと気づかないことだ」

という前提が隠れています。そして子どもにその前提が伝わってしまい「どうせ僕は何もできないんだ」と思いはじめてしまうのです。


誰かを心配すると、心配された側はどんどん「できない自分」になっていきます。

これは子どもだけでなく、ほぼすべての人間関係に当てはまります。

■あなたとパートナー
■あなたと仕事仲間
■あなたと子ども
■あなたと友達

心配すると、相手はどんどん「できなく」なります。

これが、「心配すればするほど、相手がどんどんダメになる」の法則です。

「悪いことが起きたらどうしよう」という自分に対する心配は自分を信用していないし、「元気なさそうで心配」は相手を信用していないし「大丈夫じゃない」って思っているということだから。

そしてじつは心配をすることで心配する側が、「自分の居場所を作っている」ということでもあるのです。

なんでも心配するお母さんは「心配していれば自分の居場所がある」と無意識に感

じているでしょう。親が子を心配するのは、当然のことなんだ！　という隠れみのを使って。

逆に、ヒステリックなお母さんの心理的面倒を見ていた子どもは、お母さんの顔色をうかがい心配をすることで自分の居場所を獲得してきたのかもしれません。

心配とは「居場所づくり」なのです。

心配するという役割を演じて自分の居場所を確保したいのです。「自分には価値がない。もしかしたらただの石ころかもしれない」という不安を解消したいから、人を心配するんです。心配って、いつも自分のためなんです。

人は、信頼されてはじめて成長できる

■心配できる母

■心配できる妻
■心配できる夫
■心配できるファン
■心配できる友達
■心配できる上司
■心配できる私
■心配できる自分
■心配できる娘

の役割を手に入れて安心しているあなたが払っているじつに大きな代償。それは、

ずっと変わらない相手
ずっと成長しない相手

です。

「ダメ男ばっかりとつきあってしまう」

「自分が起こさないと、夫も子どもも起きない」

そうやって悩んでいるのだとしたら、あなたはこの法則を使っています。

あなたが心配をしているから、彼らがダメになるのです。

心配される側が「もーうるさい」と迷惑そうなのは、それが本当の愛ではなく、

あなたがあなたの居場所を得るために相手を利用しているから。

これまじで怖い！　ホラーです。

本来人という生き物は「心配ではなく信頼が欲しい」生き物です。

信頼の反対が、心配です。

成長の反対が、心配です。

信頼とは相手の「失敗する権利を奪わないこと」そして「失敗を責めないこと」な

のです。
そして相手が持っている「立ち上がる力を信じること」です。
それにね、結局、

人って自分でやらないと覚えないからね。

失敗する権利を先に奪わず、失敗させてから立ち上がることを信じてみましょう。
それが本当の愛だったりします。
先回りしてやってあげるのは愛じゃない。
長い目で見るとものすごく迷惑な行為です。
「信頼できるようなことをしたら信頼しよう」だと遅いのです。
人は先に信頼されることで信頼に値する人間に成長していくのだから。

「地獄のデスロード」、そろそろ降りない？

お母さんから愛されていないと思って生きてきた人は、これまでの人生の中で本当にたくさんの人からの、

「愛してるよ」
「好きだよ」
「そのままでいいよ」
「あなたは変わらなくていいよ」
「本当にありがとう」
「感謝してるよ」

という自己肯定感を高める――つまり、「私ってダイヤモンドだったんだ」と感じ

る言葉を受け取り損ねてきていると思います。

だからこそ「愛されるため」「ここにいるため」「成長するため」「変わるため」、人生をたくさんたくさん「何かを得るために」頑張って生きてきたんだと思うのです。

その「何か」を手に入れられたら、「自分は安心だ」と思える気がするから。

でも、残念ながらそれを手にしたとしても安心は手に入りません。

だってあなたが本当に欲しがっている「何か」って「お金持ってる自分」「ちゃんとしてる自分」「すごい自分」「恥ずかしくない自分」「できる自分」「認められる自分」「評価されてる自分」ではなくて、

「私は私でいい」


ということ。

ただそれだけだからです。


無条件に自分を認めてあげたい。

自分はここにいていいし自分は自分でいいと思いたい。

無条件に自分を認めてあげるために、向き合うべきなのは、社会や世の中や仕事やお金じゃない。ただひたすらに「お母さんとの関係」です。


あなたはお母さんから「無条件に認めてほしかった」「無条件で愛してほしかった」のです。


ただ、お母さんはあなたを「条件つき」で愛そうとしてしまった。

「勉強ができるから」

「静かにお留守番してるから」

「お部屋をきれいにしてるから」

「問題を起こさないから」

「わがまま言わないから」

そうやって、お母さんはあなたが条件をクリアしたときにだけ愛してくれたのでしょう。

あなたはお母さんから愛されたいから、お母さんの理想の子どもになろうと、必死で頑張ってしまったのです。

そう、すべては愛のため。

愛されたいからお母さんの言うことに反論できなかった。だから従った。

お母さんの顔色をうかがってた。

お母さんの機嫌をうかがってきた。

そして、子どものころからずっとずっと頑張り続けて疲れ果ててしまったあなたは、
大人になった今は「その条件つきの愛」を「お母さん以外の何か」に求めているのです。


お母さんから欲しかったものを、お母さん以外からもらおうとしている。

それをナリ心理学では

「地獄のデスロード」

と呼びます。

愛を欲しがるベクトルは社会のほうへ向き、仕事をすれば「認められたい」と思って馬車馬のように頑張ったり、「どうせできない」「私なんて」とあきらめて誰かを恨んだり、恋愛をすれば「もっと愛してほしい」「私をわかってほしい」「もっと私を大切にして」と相手を縛ったり、「どうせ愛されない」と相手を糾弾したりするわけです。


ただ、無条件に愛してほしかっただけなんです。

お母さんに「そのままの自分でいいよ」って認めてもらいたかっただけ。

「このままの自分でいいよ」と思いたいがために、みんな一生懸命頑張るんですよね。すごく矛盾していますが、この「思い」は、ものっすごくしつこくて、なかなか抜け出せないんです。


ここで少し考えてみてください。

もしも、あなたがずっと焦がれた愛がすでに
存在していたのだとしたら？
本当はお母さんはあなたを愛していたのだとしたら？
お母さんだって本当は
「条件なんてつけたくなかった」のだとしたら？

今までと少し世界が違って見えてくるのではないでしょうか。

ゆるさなくてもいい、母親を、少し「理解」してみよう

「それでもやっぱり母親をゆるせない」

「まあ、ムカつくよね」

「ホント、なんであんなことしたんだろ」

「ホント、なんであんなことしたんだろうね」

お母さんからの呪いを解く方法

このあたりから、少し耳が痛い話題に突入します。

あなたの人生の不具合の理由が、「お母さんとの関係」にすべて詰まっているから、人生を変えたいならここを通らなくてはならないのです。

当然、見たくないと思いますが、どうしても避けては通れません。

今避けて通ったとしても、いずれまた、向き合わなくてはならない事態が起こるから、今「エイヤ！」と勇気を出して向き合ってみませんか？

ちなみに「母親と向き合う」ってのは「母親と仲良くなりましょう」って意味じゃないです。「母親を理解しましょう」って意味です。

今、生きていて不具合が生じている悩みの原因のほとんどが、お母さんからの「呪い」によって生まれています。

「……しなさい」

「……しちゃダメ」

「……はよくない」

「……はダメ」

「ちゃんとしなさい」

「人様に迷惑をかけちゃいけない」

「勉強ができなきゃいけない」

「なんでできないの？」


それはそれはたくさんの呪いをかけられているはずです。

壁にぶつかって、新しい自分になりたいと思いながらも、一歩が踏み出せないのは、子どものころのお母さんの呪いを今も受け続けているから。

■すぐイライラする

■思い通りにならないことにイライラする
■とにかく忍耐力がない
■プライドが高すぎる
■失敗が怖すぎる
■人の目を気にしすぎる
■その場その場で生きすぎ
■やり遂げない
■中途半端
■自分の意見を言えない
■すぐ我慢してしまう
■世の中が怖い

このような傾向がある人は心の奥底では、まだお母さんの支配下にいることが多いのです。すぐイライラするのも、口だけで行動が伴わないのも、中途半端なのも、世の中が怖いのも、すべては、お母さんからの呪い。

言い換えれば、「いまだに目の前の現実の責任をお母さんに押しつけたまま」生きているということです。

過去に留まり続けて今を生きられず、お母さんの価値観を守り続けていくのが嫌なら、この呪いを解く方法を試してみてください。

それは、

なぜお母さんが、
あなたに呪いをかけたのか

を理解すること。これに尽きます。

そして、この問いへの答えはたったひとつしかありません。

それは、

愛しているからです。

お母さんから受けた数限りない「ダメ出し」や「制限」「こうしなさい」「ああしなさい」にほとほと疲れ果てた子どもは、「自分はお母さんに愛されていない」と、思ってしまいます。その気持ちもわかりますが、なぜ、お母さんはそんなことを言ったのでしょう？

自分で産んだ子どもを苦しめたくてしているのでしょうか？

たぶん違います。

お母さんは「子どもを愛している」がゆえに、ついつい言ってしまったし、やってしまったのです。

そう、お母さんはつい間違えたのです。

お母さんだって人間。あなたが子どもだったころのお母さんはお母さんになって間もないし、まだまだ女性としても人間としても未熟だったはずです。

自分も大人になってみるとわかりますよね。

20歳って大人だと思ってましたし、30歳なんて超大人だし、40歳なんてもうこの世のことはなんでも知ってるくらい完璧だと思ってたでしょ。でも、そうでもない。笑。

大人になって初めてわかること。

お母さんって未熟だったんだ。

「そりゃ、子育てくらい間違えるわ！」とぜひツッコんで笑ってください。

子どものあなたには「お母さんが全知全能な大人に見えていただけ」だということに気づきましょう。

それに、かつてあなたが恐れたお母さんはすでに老いていて、あなたを縛りつける力はとうに失っていますからね。

あのころ怖かったお母さんは、今はもうただのおばあさん。

それが現実です。

完璧なお母さんから言われたことだから、大人になった今でもその「言葉に縛られている」だけです。でも、お母さんは未熟だった。大人になった今だから少しわかるはずなんです。

「お母さんは子育てを間違えた」
「まー、でも間違えることくらいあるか」
「未熟だからしかたないか」
「お母さんも不安でいっぱいいっぱいだったんだな」
「今ならわかるよ」

そうやって、あなたの心の中にい続ける完璧なお母さんから、少しずつ手を離してください。

「加害者はいつも元被害者」の法則

とはいえ、いきなり「お母さんをゆるして幸せになりましょう」と言ったところで、ハードルが高すぎるのは僕も重々わかっています。

だから、まずはなぜ、お母さんが「あんなお母さん」「あんな子育て」になったのか、理由を考えてみましょう。

お母さんはあなたにとっては加害者です。

あなたの人生を左右する呪いをかけた加害者ですが、じつは同時に被害者でもあります。

加害者というのは、いつも元被害者です。

人は不安なときに他の人に矛先を向けます。そして傷つけます。

- 批判する人
- 否定する人
- 悪口を言う人
- 怒る人
- 怒鳴る人
- 口撃してくる人
- 口調が強い人
- 命令してくる人
- 他者をコントロールしようとする人
- 支配しようとする人

の本音は、ただただ不安で悲しいだけです。

被害を受けた人間が、その影響を受けて、やがて本人が加害者となり、新しい被害者を生み出す。その被害者がまた次の加害者になっていく、これがいわゆる、悲しみの連鎖です。

映画や漫画などの物語の悪役も、「悲しい人」が多いです。実際の犯罪でも加害者は「悲しい人」が多いです。悪意の底には悲しみがいつもあります。

怒りというのは不安と悲しみからしか生まれません。

つまり怒りを出してる人（加害者）はいつも、不安で悲しかった人（被害者）なんです。

だからもしもあなたが今「強い不安感」を感じて生活しているのだとしたら、たぶんそれは両親の不安と悲しみが連鎖している可能性がすごく高いです。

そして、あなたがお母さんに「愛されていない」と感じて生きてきたのだとしたら、それはきっと、お母さんが幼いころ感じていた思いでもあるわけです。
お母さんもまた自分のお母さんに「愛されていない」と感じていたかもしれませんよね。

これらの悲しみをたどっていくと、たいていは「本人の力ではどうしようもなかったこと」に突き当たります。「本人の力ではどうしようもなかったこと」とは、事故のことです。事故とは、「偶然に起きた悲しい出来事」のことなんです。

たとえば、お母さんは小さいころに交通事故で両親を亡くして、単身で親戚の家に住まなくてはならず、そこで肩身の狭い思いをしたから、「世の中とはつらいものなのだ」と勘違いしてしまったのだとしたら。そして、自分の子どもには「このつらい世の中を生きていけるように厳しく育てる」と決意して実行する。これは実際に僕が聞いた話です。

お母さんが交通事故で両親を亡くしてしまったのは本当に偶然です。そして「世の中はつらいものだ」と思ってしまったわけです。このお母さんは自分の力ではどうしようもできなかったことに振り回されてしまったのですね。

別の例をあげます。両親の会社が急に倒産してしまった。これも人生の上での事故です。

急に貧乏暮らしになってそれが恥ずかしくて、「世間の目を気にしながら生きなさい」と両親に言われて育ったとしたら、これも「呪い」のひとつだし、原因は「自分の力ではどうしようもないこと」なわけです。

もうひとつ例をあげれば、戦争で夫を亡くした妻が必死で子どもたちを育てたとします。戦後、お母さんがひとりで子どもを育てていくのは想像を絶する大変さだったはずです。必死に働き、子どもにかまっている暇などなかったかもしれませんよね。でも、子どもを育てるために必死で働いたわけです。それだけ愛が深かったのは事実ですが、お母さんと過ごす時間がなかった子どもは「愛されていない」という思い込みを持ったかもしれません。

そして、その悲しみが世代を超えて連鎖していったのです。

でも、事故で両親を亡くしたお母さんを、両親の会社が倒産してしまったお母さんを、戦争で夫を亡くした母に育てられたお母さんを……いったい誰が責められるでしょうか。

もちろん、世代をまたいで悲しみを伝えた原因にはなったかもしれません。でも、それは、お母さんのせいではないのです。

70年も遡ると日本の歴史は戦争にぶち当たりますから、僕は、いまだに戦争の悲しみは日本中に連鎖していると思います。

加害者というのは、いつも元被害者です。

そして、遡ると、最初の被害者というのは「偶然の事故」によって生まれているのです。

自分を痛めつけて「ほら、おまえのせいだ！」とアピールするの、やめようか

「毒親に育てられたから、もう人生めちゃくちゃ」

「そうなんだ」

「母親の愛が欠けてたから、仕事も恋愛も、人間関係も、なんにもうまくいかない」

「たった708文字で、それ変えられる手紙があるよ」

呪いをかけられた子どもの復讐劇

結局、誰のせいでもない。相手にも原因はあるかもしれないけど「せい」じゃない。そこに悪意はなくて、あるのは悲しみだけ。

誰かを責めても解決にはならない。誰かを敵にして責めてもやっぱりつらいだけです。

とはいえ、これらの環境の中で「愛されていない」と感じながら育った子どもは、大人になってから、壮大な復讐《ふくしゅう》劇を展開することになってしまいます。

心理的に、お母さんの顔のお面を誰かの顔にかぶせて、「愛されたい」「わかってほしい」から追い回す。最悪、ストーカーになることもあるし、恋愛依存にもなる。さらに、「お母さんがわかってくれなかったから、自分はわかってもらえないままだ」と、徹底的に理解されようとし続ける。

これは、お母さんに不幸な私を見せつけるという復讐。

または、お母さんへの忠誠を誓い、お母さんからの言いつけをいつまでも、いつまでも忠実に守り、人の顔色をうかがい、子どもであり続ける。

「あんたは本当に何もできない」という呪いを真に受けて、「早く自立したい！」と、自立してひとりで行きていくことに固執することもあれば、「あんなお母さんのようにならない」と心に決め、とことんお母さんとは違う道を歩もうとする。

こうなってしまうと、人生はうまくいきません。

そのすべてが

お母さんへの復讐

になっているからです。


「愛してくれなかったからこうなった」

「お母さんの言う通りになんか絶対にしない」

と、今も復讐し続けている。

そして「復讐の総仕上げ」は自分をダメ人間にすることなんです。

「あんた（母親）の育てた子どもはこんなに不幸になりました。あんたは子育てを間違えたんだ!!」って突きつけるために！

おもしろいでしょ。

自分をダメ人間にするのは母親に復讐するためなんですよ！

これに気づいたとき、僕は本当にびっくりしました！

母親に愛されてないと思ってる人は、「ほーら、あんたの育てた子どもは社会や周囲の人たちからこんなにも愛されてないし、必要とされてない！　あんたは子育てを間違えたんだ！　どうだ！　悔め！」だし、母親に信頼されてない人は、「ほーら、あんたの子どもはこんなこともできないよー！　あんたが子どものころから私をできない扱いしてきたから！今もできないよー！　ざまーみやがれ！」だし、両親の夫婦仲が悪い人は「ほーら、あんたたちの仲が悪いから私も結婚で困ってるわ！　あんたたちのこと見てたらこうなったわ！　だから、全部あんたのせいじゃ！」なんだ。

あ、復讐してるつもりがないのは重々承知です。僕もまったくしてるつもりがなかったから。だけど、それでもしてたのですよね、残念ながら。

復讐劇を終わりにする708文字

お母さんを見る目は、世界を見る目であることは説明しましたね。お母さんをゆるせていない限り、世界（周りの人）からゆるされません。もしもあなたが本当に自分の人生を変えたいのなら、まずは、何よりもお母さんをゆるす必要があります。
これから、お母さんをゆるすための言葉をお伝えします。
ぜひ口に出して読んでみてください。

ありがとう、お母さん。
お母さんも完璧じゃない。
そんなの当たり前だよね。
あなたが私に言い続けたこと、大人になった今ならわかるよ。
ものすごく間違ってるって。
でも、しかたがない。
私を生んだ頃のあなたはまだ○○歳。
20代、30代なんて、まだぜんぜん未熟で、おバカだもの。

今の私が言うんだから、間違いない。
私も大人になったけれど、意外とまだおバカ。
だから、傷ついたけれど、その言葉はもう忘れる。
あなたのバカもゆるす。
あなたは、バカだった。
あなたは間違えた。
でも、私を思ってくれているから、
言ってくれていたんだということも、
今はわかる。
本当に感謝しています。
ありがとう。
あなたが私にかけてくれた呪いは愛でした。
私も、あなたが私にそうしたように、自分の大切な人たちについつい、
きつく言ってしまうことがある。不安になるから、不安から逃げるた

めに。

それは、愛という名の呪いになっているかもしれません。

お母さん、私はまだ未熟です。

そして、あなたも未熟。

未熟な者同士です。

未熟から抜け出すために頑張りました。けど、無理でした。

未熟は「悪いこと」だと思っていました。

あなたにそう教わったから。

でもそもそも未熟は悪いことだという考え方がすごく未熟でしたね。

未熟でもいいのかもしれない。

未熟で生きていけばいいのかもしれない。

未熟でも大丈夫なのかもしれない。
未熟な自分をゆるそうと思います。

そして、
未熟なお母さんもゆるそうと思います。
世の中にいるたくさんの人を信じてみようかと思います。

お母さん、愛という名のもとに、
呪いをかけてくれてありがとう。

でも、もうそろそろ
いらなくなってきたので、捨てますね。

今まで本当にありがとう。
未熟なお母さんを愛します。

さて、どんな気持ちになりましたか？
スッキリした人もいれば、不安になった人もいるかもしれません。
湧いてきた思いを、そのまま受け止めてみてくださいね。

第3章

心配事を消す
ナリ心理学

人は「理解」するだけでも変われる生き物だから

「タバコやめたいのにやめられない。何かいい方法ない？」

「タバコやめるのなんて、簡単じゃん」

「え！　どうしたらいいの？」

「タバコ買わなきゃいい」

「それができるなら苦労してないよ」

「いや、それ、やめたくないんでしょ！」

人が変わるためには「理解」か「体感」が必要

人が変わるために必要なもの、それは「理解」か「体感」です。

どういうことかというと、たとえば飲酒運転を例にすると、

「飲酒運転をすると危険だからやめよう」

というのが「理解」です。

逆に飲酒運転をして、事故を起こしてから初めて、

「ああ、飲酒運転やっぱりダメなんだ。危険だからやめよう」

これが「体感」です。


いやいやいや、体感してからじゃ、遅いでしょ！

どちらも「飲酒運転をしない」という選択と行動をしていますが、前者は事前に危険を防げていて、後者は危険な目にあってやっと行動を変えています。これだとリス

クが高すぎですよね。

人は経験して学ぶ生き物ではありますが、「理解」でも十分学べるんです。痛い思いや大変な「体感」をせずとも人生を変えられるなら、そのほうがリスクは断然小さい。だから、人の心のしくみや、物事のしくみを「知り」「理解」することで、人生を変えてみませんか？　というのが僕の提案です。

実際、理解するだけで、人は変われます。

「変わりたいんだけど難しくて」

「理解はしてるんだけど、できない」

「私、ちゃんとナットクしてからじゃないと動けないタイプだから」

なんて言う人、ときどきいますよね。これって、残念ながらまだ「理解」していないのです。「頭ではわかっているんだけどできない」ってときは、頭で「わかって」いないのです。そして、やめられず、変えられずにやがて、強烈な「体感」がやってきます。

「不摂生をしていたら大病になった」

「飲酒運転をして人に大ケガを負わせてしまった」

「ギャンブルがやめられず自己破産に」

とこうなります。でもね、そこまでやる必要はないと思いませんか？


人は、気づけば変われる生き物。

自分の尊さにまず気づいて、

ちゃんと「理解」することで、さくっと人生変えていきましょう。

「タバコをやめたいのにやめられない人」の心理

タバコでも、間食でも、なんでもいいのですが、「やめたいのに、やめられない！」と誰かが言うとき、そこにある思いの正体は明確です。

そこにある思い、それは、

やめられない自分を責めたいの。

ということです。

これは、どういうしくみになっているかというと……まず、先にあるのは、自分の中にある「責めたい」という思いです。

つまり、

「何を責めよう？」

「よし自分を責めるか」

「どうやって責めようか」

「そうだ！　タバコは吸わないほうがいいらしいから、タバコをやめたいということにして、やめられない自分を責めよう」

「よし、責めてやった！」

「やったぞ！　目標達成！」

という具合です。

責めたいのが先で、そのために自分を使っている。そんな図式なのです。

ではなぜ、わざわざ自分を責めたいのか。

それは、自分を責めておけば「やらずに済む」からです。

さて、それは「何を」やらずに済むのでしょう？

この場合、「タバコをやめたい」というのはカムフラージュです。そして、必ず、「他にやらずに放置している何か」があるはずなのです。

しかし、「タバコをやめる」という仮の課題を持ち出して、とことん自分を責めて、「自分はダメだ」「自分にはできない」「自分はなんて弱いんだ」と言っている間、その「やらなければならないのに放置している何か」については、やらなくても、できなくても、行動しなくても、変わらなくても「しかたがない」という結論に落ち着きます。「ダメな自分だから、できない状況が当然」というわけです。

でも、ここでしっかり自覚してほしいことがあります。

ダメな自分だから、できない何か。やらずに放置している何かは、本当はあなたの人生を変えてしまうくらい重要で、強力なことだということ。

当然、心の奥底ではあなたもそれに気づいているはずなのです。

そう、

気づいているから、怖くてできない。

僕は、もともと、プロのミュージシャンを目指して上京してきたギタリストでした。死ぬほど下手で、笑えないほど下手で、でも、音楽でご飯を食べられるようになることを夢見ていました。そのためにはギターを練習しなくてはならないのですが、本当に練習しませんでした。だから、当然、上手くはならない。

当時の僕は心理学なんて知らなかったので「なんで練習したいのに、できないんだよ！」と思って自分を責め続け、結局、音楽で食べていくことはできずに、音楽をあきらめました。やめた後すぐは、人生のすべてを見失い、不安と恐怖にさいなまれていました。

でも、同時に、最高にスッキリしていたのも事実です。

今となっては、やめたのは正解だったとつくづく思います。

もしも当時の自分が意固地になって音楽を続けて「僕は音楽で飯が食いたい。だからギターが上手くなりたい。なのにギターの練習ができない。なんでだ！　なぜなんだ！」と、考え続けていたら、今頃、売れないギタリスト兼フリーターだったと思うから。僕のことだから、消費者金融でお金を借りて、人生お先真っ暗になっていた気がするのです。

結局は、

「やりたいのに、やれない」はね、やりたくないだけなの。

だから、やらない自分を責める必要なんてないし、もちろん、やりたくないことなんだから、やらなくていい。

それよりも何よりも「やらない自分を認める」ほうが先なのです。

そんな自分をゆるし、認めたとき、本当に人生が変わるほどに「本当にやりたかったこと」が待っています。

実際に、僕がそうだったから。

「やりたいことが見つからない」という嘘つきワード

「やりたいことが見つかりません」

と言う人がいます。しかも、けっこうな割合で。

本人はわりと本気で悩んでいると言いますが、心のしくみからひもとくと、これは、「嘘の言葉」です。といっても、もちろん、本人が嘘をつこうと思っているわけではなく、本人は心の底から悩んでいるから厄介です。

じつはこの「やりたいことが見つからない」の解決法は簡単。

やりたいことが見つからないなら、何もしなければいい。

そもそも、「やりたいことが見つからない」の奥には、「何かをしなくてはいけない」「何かにならなくてはいけない」という思い込みが隠れていますよね。

そして「何かをやらなくてはいけない」ということは、それは、誰かに命令されているのだということ。

つまり、その悩みを正しく表現するならば「私は何かやらなくてはいけないようなのですが、何をしたらいいのかわかりません」となるのです。

つまり、自分で自分に対して「何かをしなければならない」と洗脳しようとしているということ。

なぜこんな洗脳が起きるのかというと、その理由も簡単で、

今、やりたいことが見つからないのは、やりたくないことをしているから。

人は、やりたくないことをやっていたり、我慢していることがあると、「自分が本当にやりたいことをやりたい」と思うもの。

そう、要するに、嫌なことから逃げたい。でも、本当にやりたいことは見つからないから、結果、「自分の本当に好きなことがわかりません」「自分のやりたいことがわかりません」という決めゼリフを吐くことになるのです。

そこにある本音、あなたの「今やりたいこと」とは、

「今」から逃げたい

ということ。

だから「やりたいことがわかりません」という人は、まず、本当に何もしないことをおすすめします。

本当に何もしないでいると「罪悪感」や「あせり」が猛烈に湧いてくるはずです。

あなたが今やらなくてはならないのは、このふつふつと湧いてくる「灰汁《あく》」のような感情と向き合うこと。

そのとき感じている思いを、何もジャッジせず、ノートやスマホにメモしてみてください。それこそが、

あなたがやりたくないことをやめられない理由

なのだから。

そして、それこそが、「やりたいことが見つからない理由」であり「やりたいことをやらない理由」でもあります。

たとえば「自分は常に人に与えていなければならない」と思って疲れていたり、「私はお母さんの邪魔をしないようういつも優等生でいなくては」と思い込んだままだ

ったり。そのことに気づいたらそれを強制していた自分を解放してあげてください。

「あ、強制じゃなかった。やらなくてもいいや」

そう思えたら、本当にやりたいことが見えるようになります。

たとえば、毎日家事に忙しくてストレスがたまって、子どもに当たりまくって疲れ果てて悩んでいたお母さんがいました。

「別に毎日ご飯つくらなきゃいけないって決まってないじゃん」「家事は何がなんでも全部自分でやらなきゃいけないって決まってないじゃん」と気づいたら、気持ちがラクになり、ときおり外食したり、店屋物を取ったりできて、子どもにも優しくなって、逆に、家事が楽しくなる……そんな話はザラにあります。

さらに、「僕の妻は、家でご飯を作るのが好きなのだ」と思い込んでいた夫が、妻の変化を見て、「ときには、子どもをシッターさんに見てもらってふたりでディナーに行かないか」と誘ってくれるようになったり、家事を外注しはじめたら、昔やってみたかった趣味を始める時間が持てて、「ああ、私、これがやりたかったんだ」と、毎日ハッピーでしかたがない、という具合。

灰汁を出したら、本当にやりたいことが、見つかったわけですね。

ちなみに、僕の場合は、「人生は楽しまなくてはならない」と思い込んでいました。いつもいつも楽しまなくてはならない人生って、正直、けっこうつらいものです。でも「別に楽しまなくてもいいか」「それって、強制じゃないわ」と気づいたら、反対に、本当に毎日が楽しくなっていきました。

灰汁を出さずに、無理やりやりたいことを見つけ出して頑張ったとしても、どのみち、灰汁のせいでうまくいかない事態が起こります。

だからこそ、まずは、何もせずに、とにかく灰汁出しをしてみてほしいのです。

目の前の現実は煙、火種を消せよ！

「ぎゃ――――、煙が！（あおぐ）」

「おいおい！　煙をあおいだら、
さらに燃え上がるぞ！」

「助けてよ――（まだあおぐ）」

「火種を消せよ」

自分の中の前提に気づく

よく、悩みごとがあるときは「現実を直視しよう」と言いますが、それは、ナリ心理学では意味がないと言い切っています。

なぜなら、

目の前の現実は、昨日までの自分の考えと行動の答えだから。

今どれだけ、お金がなかろうと、自信がなかろうと、離婚問題に苦しんでいようと、夫や彼氏に浮気されていようと、目の前のことに一生懸命対応してどうにかしようとしても、何も変わりません。

現実は過去の結果でしかありません。

過去は変えられないのと同じで、現実はもう変えられないのです。

いわば、

目の前の現実は煙のようなもの。

現実をどうにかしようともがくのは、煙をフーフー吹いているのと同じことなのです。吹いても吹いてもまたすぐに煙はモクモクと上がってくるし、下手をすると、フーフーしたぶん、火種に風が当たってもっと火が大きくなって、煙もさらに大きくなります。

じゃあ、この火種ってなんのことかというと、それは、

自分がどういう前提で生きているのか

ということ。

この「前提」というのは、映写機の中のフィルムのようなもので、現実はそこからスクリーンに映し出される映像です。

この本体に蓄積されている前提は、生まれた瞬間から、昨日までの経験、それに対

する思い込みなどで作られています。

これを、心理学的な視点で言うと、一番影響を与えるのは「お母さんとの関係」なのですが、それ以外にも、「父親が転勤族でしょっちゅう引っ越ししてた」「家が貧乏でお金がなかった」「小学校のときにひどいいじめにあった」など、さまざまなことが要因となって、映写機の中のフィルムに記憶されているのです。

大きなできごとや環境だけではなく「クラスで一番足が速かった」とか「美人だった」というようなプラスのできごともすべて、このフィルムに記憶されていて、それがそのまま、今日上映されているというわけです。

だから、映し出されているスクリーンに向かって「違う、違うんだ！」と叫んだとしても、そのスクリーンを破ったとしても、何も変わりません。

そして、この前提には厄介な一面があります。

前提は昨日までの記憶……つまり、

ただの、思い込みであって、真実ではないということ。

いつぞやから勝手に思い込んだ「前提」によって、今日が作られているのだとしたら、今日「前提」を変えれば、確実に明日映し出される映像は変わります。

「書き出し」て「ありがとポイ」で前提は変わる

未来を変える「前提の書き換え方」の3ステップをご紹介します。

1　自分が思っていることを、とにかくノートに書き出しまくれ！

今置かれている状況を書き出して、それについてどう思っているのかを書き出していくのが手っ取り早いのです。
「職場での人間関係がうまくいかない」のだとしたら、それについてどう思うのかを全部書き出してみてください。

「たくさんの人とコミュニケーションをとるのが苦手」
「絶対に、何か悪いことが起こると思う」
「私が人に好かれるはずがない」
「なんだか、とにかく、疎外感を感じる」
「人はいつも私を評価しているし、悪口を言っているような気がする」
「人の反応がとにかく怖い」

など、いろいろと出てくるはず。

2　なぜこんな思い込みがあるのかを考えてみる

書き出したものを眺めながら、なぜ、そんな思い込みが生まれたのかを考えてみてください。それが「真実」だと思っている自分を疑ってみることです。
そこには、何かしらの「原因」があるはずだから。

「卒業式、全校生徒の前でズッコけて、大爆笑された」から、
私は人前で大失敗するから、人に関わらない。
「いじめにあって、容姿をめちゃくちゃバカにされた」から、
私は魅力的ではなくて、どこに行ってもいじめられる。
「お母さんがヒステリックで、何をしても怒られていた」から、
私はいつも人を怒らせる。

など、これまたいろいろ出てくるはずです。

気をつけてほしいのが、過去のつらいできごとを思い出してそのまま落ち込んだりしないこと。

どちらかというと、意識的に、楽しみながら自分の思い込みを探してみること。それはもう、

宝探しのようにワクワクしながら、自分の思い込みをおもしろがること。

卑下しなくていい、ヘコまなくていい。

とにかく「おもしろい」と思って見てみることが大切です。

すると、不思議なことに「へえええ、自分ってこんなことを思い込んでいたのか」「事実とちゃうやんか！」と、温かい目で見つめられるから、やってみてください。

それができたら、最後のステップです。

3　感謝して、思い込みを捨てる

思い込みがフィルムに書き込まれていて、映写機で映し出されるから、あなたの現実は、その嫌なことに見舞われています。

先ほども言ったように、現実は昨日までの経験や思い込みでできている。

この思い込みに気づくと、あなたの前提は書き換わります。

ただし、思い出すだけではダメ。過去を恨んでもダメ。

ここで、大切にしてほしいことがあります。

それは、今まで持っていた前提、つまり「今はもう必要のない思い込み」は、そのできごとが起こった当時「自分を守るために」身につけたものだということです。

だから、その思い込みには、最大限敬意を持って接してほしいのです。

たとえば、幼いころ、あなたのお母さんはいつもヒステリックだったかもしれない。

あなたは、お母さんの機嫌をとり、お母さんの状態を観察し、怒られないように最大限の注意を払うようになったかもしれません。

それがあなたの前提となり、大人になってからも「細心の注意を払い、人目を避けていれば怒られないに違いない」と思っていますが、今はもう、お母さんは目の前にはいないわけです。なのに、関わる人たちすべてに「お母さんのお面」をかぶせ、勝手に怖がり、細心の注意を払い、怒られまいと頑張る。

でも、最終的に「けど、やっぱり怒られる」という前提があるから、最終的には相手を怒らせることが起きます。

それでは、あまりにも悲しいじゃないですか。

でも、この手法は、小さいころのあなたが、怖いお母さんのもとで生きていくために一生懸命に考え、自分自身を守るために編み出した技。それを、今も使い続けているのだということ。

だから、それに気づいたら、まずは感謝しましょう。

「その思い込みは過去必要なものだった。あのとき、必死に自分を守ってくれてありがとう」と、自分を最大限にねぎらうこと。そして、「今はもういらない」と言って捨てること。

つまり、

「ありがと。ポイ」をすること。

可能な限り、軽やかに。笑顔でね。

目の前の現実を変えるための3ステップは、じつに効果的です。

ぜひ試してみてください。

「あきらめない」を前提にして考える

育ってきた環境や刷り込まれた前提を変えていくのには勇気がいりますし、前提を変えていく過程を「難しい」と思ったり、向き合うことを「怖い」と感じることもあるかもしれません。

でも、僕のメッセージは、いつも「あきらめない」が前提です。その前提でブログを書いているし、あらゆる相談への基本的なスタンスはこれです。

実際のところ、どんなに八方塞がりで、道がないように見えたとしても、あきらめる必要はないと思っています。

人生の多くの時間を今まで握りしめてきた「前提」で過ごし、その証拠探しの人生を送ってきたのですから、それを変えていくのは容易ではないかもしれない。

けれど「育った環境がそうだから仕方がない」「愛情をもらいそこねたから、もう幸せはムリ」とあきめるのは、僕はちょっと違うかな、と思うんです。

とはいえ、あきらめたい人があきらめるのは自由だし、あきらめたいなら、あきらめても構わないんですよ。

ただ、僕はあきらめなくていいと思ってます。全然、あきらめなくていい。どちらにしても、あなたはダイヤモンド。それだけは忘れないでいてもらえたら嬉しいです。

NALI'S PSYCHOLOGY

「悩み」って、じつは最高の〝免罪符〟なんだよね

「人見知りが直らなくて」

「お金の不安が強くて」

「私、毒親に育てられたんで」

「いいよね――、『悩んでます』って、何もしなくていいからじつはラクなんだよね」

夜更かしする人は地縛霊だ

夜更かしをしてしまうとき。

夜更かしをしてしまうのは、今日に満足していないからです。

夜になってあせって何かを始めたり、いつまでもインターネットを見たり、今日を取り戻そうとして、さまよっている……つまり、

夜更かししているとき、人は成仏できない地縛霊だ。


成仏できない霊も、きっと、やり残したことがある。

やり残したことがあるのは、生前、「今」を精一杯生きていなかったから。

生きているときに、今を精一杯に生きていなければ、急に死んだら、それはそれは、後悔が残るでしょう。夜更かしをする人も、これとまったく同じ状態です。

「今」から逃げている人のことを地縛霊と呼びます。
この地縛霊は、ふたつのタイプに分けられます。

1　悲劇のヒロイン地縛霊タイプ

過去のことばかりを何度も思い出して死んでいる、メモリーリピート機能つきの悲劇のヒロインタイプ。「あのときこうしていたら」と後悔ばかりして、今日は動かない、の繰り返し。

2　被害妄想あせりすぎ地縛霊タイプ

未来のことばかりを考えて死んでいる、被害妄想タイプ。とにかく、先のことが不安でしかたがなく、完全に今を生きていない。未来が不安だから、行動しない毎日。

どちらのタイプにも共通することがあります。

それは、

過去や未来に思考が飛びまくって、今、何もしていない

ということ。

言い方を換えればじつは、「今何もしたくない」から過去や未来を利用して「今ここ」にいることを放棄しているのだということなのです。

自分のことを石ころ扱いし、過去と未来のせいにばかりしていれば、素晴らしい人生を手に入れることをあきらめ続けることができるでしょう？

「お金がない」「時間がない」もそう。お金がなければやらなくていいこと、時間がなければやらなくていいことがたくさんあります。地縛霊になってしまうのは、地縛霊でいることで得をしているのだということ。

夜更かしグセのある人は一度「そうしていることによって何の得をしているのだろう」と考えてみると良いですよ。

「すねる」って
相手への暴力だよ

「誰も私のこと認めてくれない」

「へーそうなんだ」

「もう私なんてどうでもいいんでしょ」

「すねてるね——笑」

勝手に我慢して、勝手にブチ切れてる人へ

世の中には我慢フェチの人たちが本当に多いと思います。

ナリ心理学の心理アドバイザーの中でもたびたび話題になるし、僕もよくブログで取り上げるのですが、この「我慢」、めちゃくちゃ迷惑です。もう、「我慢は、迷惑行為です」って、看板掲げたいくらい。

「毎日ご飯作りたくないのに、作ってる」

「洗い物したくないのに、してる」

「土日出勤嫌なのに、してる」

「テンション低いのに、無理くり笑顔にしてる」

「気を使って人と話してる」

あなたがもしも今、夫や恋人や子どもや会社や後輩や親のために、我慢しながらやっていることがあるとします。

あなたはそれをとてもイヤイヤやっていたとしても、端からは、あなたがやっていることはすべて、あなたがやりたいからやっていると思われています。

言っときますが、「察しろ」なんて無理です。「察することなんてできない」ってことをあなたが「察して」ください。

あなたが我慢しているなんて、誰も知りません。知ったこっちゃありません。

でも、あなたは我慢しているとするならば、行き着く先はただひとつ、

「私がこれだけしてあげたのに」と、勝手にブチ切れて周囲を驚かせる。

「私だって我慢して頑張ってるのよ！」なんて、ある日突然主張されても、周囲ははなはだ迷惑な話で、「じゃあ、我慢しなければいいのに」と言われるのがオチです。

あなたは「自由に生きるなんて、周囲に迷惑がかかる」と思っているかもしれませんが、じつは逆なんです。

あなたが我慢をしていることで、周囲に迷惑をかけている。

どうか、それに気づいてください。

そして、自分をないがしろにしていることにも、気づいてほしいのです。

誰も、あなたに我慢を強いることはできません。

唯一この世にあなたに我慢をさせられる存在があるとしたら、それは、あなた自身だけ。

「他人に迷惑をかけたくない」と思うなら、さっさと我慢をやめて、自分が本当にやりたいことを自由にやるべき。あなたが自由に生きてくれるほうが、周囲のためになるのだから。

すねるという暴力の先にあるのは……？

我慢と似ている面倒なものに「すねる」という行為があります。

「すねる」って、こんなしくみになってます。

1　自分が嫌な気持ちになっていることを相手にアピールして
2　相手に罪悪感を抱かせて、
3　強制的にこっちを向かせようとする

これってつまりは、

すねるというのは、他者をコントロールしようとする暴力

だということ。

そんなことを言っている僕も、すねたくなることって、ありますよ。

たとえば、ＬＩＮＥグループで既読スルーされたとき。あれは、誰でもソワソワするし、ザワザワするし、不安にもなります。

「誰も誘ってくれない。

ああ、僕は皆に必要とされていないんだ。

ああ、悲しい。

すねてやる！

この、すねるという行為。これをやると、たいていは嫌われちゃいます。

「どうせ、私のことなんて誰も気にしてくれない」

とすねられたとき、たいてい相手は、

「え……ちょっと面倒くさ……」

と思いますよね。そして、すねたほうはどうなるかというと、ムカつくわけです。

この、「ムカつく」の裏には、ある感情が隠れています。

それは「不安」です。


不安を感じたくないから、相手のせいにしてムカついているわけだ。


そう、すねてでも、相手の気をこっちに向けたい。

でも、それでも向けられないと不安になる。

不安になると、ムカつく。

これこそ、「すねる」の正体であり、進行の仕方。すねられた相手からするとはた迷惑な行動なのは間違いありません。

とはいえ、すねていることを忌み嫌っても、問題は何も解決しません。だから、今まですねてしまった自分のことを責めないでほしいと思います。

そして、今近くにいるすねている人のことも責めないこと。

さらに、これからすねる人がいても責めないこと。

むしろ、すねたくなったときは、

1　まずは、とことんすねればいい

無理やり抑え込もうとして抑えられるのであれば、そもそもすねてなんかいないはずなので、まずはとことんすねてみましょう。

2　自分がすねていることに気づく
とことんすねたら「あ！　自分、今すねてるじゃん」って気づくこと。楽しい気持ちじゃなかったら、すねてるってことです。

3　「私は今すねています」と相手に伝える
あくまでも感情的にならずに冷静に。自分がすねていることを伝えてみましょう。
相手に伝えることが重要なのではありません。
「私は今、すねています。
これは私が自分で処理しなくてはならない感情なので、少しだけ待ってもらえますか」
という意味だからです。
つまり、これは、

すねた自分に降参すること

でもあります。

そして、

4　自分が感じていた「不安」を観察してみる

すねた理由……つまり「何に不安を感じていたのか」をクリアにしてみましょう。

たとえばLINEで既読スルーされてすねている場合、そこに隠れているのは「私は嫌われているんじゃないか」であったり「自分は誰からも必要とされていないんじゃないか」であったりします。でも、たいていその不安は取り越し苦労です。

この4つの「すね解消ステップ」を試していると、徐々に、自分がすねそうになっていることがわかるようになってきます。

「あ！　私今すねそう！　ってことは、不安なんだ」

と思えるようになり、「何が不安なのか」を先に考えられるようになり、「大丈夫。それは起きない」と自分を安心させられるようになります。

すると、どうなるか。
すねなくて済むようになるのです。

人がすねている理由、すねている人の心に巣食っているもの、それは「孤独」なのです。

人は孤独では死にませんが、孤独だと死にたくなる生き物。そして、人に孤独をもっとも感じさせるものが「無視」をされることです。

人は「ないもの」にされるのが怖いんです。

そのまま「死ぬこと」にも直結するけど、それより「孤独」が怖いし孤独なときの「心」がつらいんだろうな、と思います。

無視されたくない、孤独になりたくないという思い、それに対する不安。それに気づいてあげるだけで、心は安心を取り戻します。

僕らの世界は「大丈夫」でできている

「私もうダメ、ヤバイ、つらすぎる」

「そうなんだ、ところで一昨年はなんで悩んでたんだっけ」

「忘れちゃったよ！
そんなことより、ナリくん聞いて！」

「ま、再来年には忘れてるわけだね」

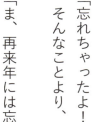

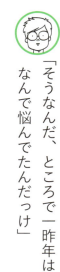

失敗は、間違いを認めること。以上

日本人はよく謝りますよね。まるで挨拶のように「あ、ごめんね」と言うし、本来「ありがとう」と言う場面でも「すみません」と言ってしまう。もはや条件反射のようです。

さらに、日本人の傾向として「謝罪＝ヘコむ・落ち込む」ととらえる人が多い。

でも、僕は謝罪することって本来、「自分の間違いを認め、それを伝える」ことであって、それ以上でも以下でもないことだと思っています。ましてや、ヘコむことでも、落ち込むことでも、卑下することでもないって。

さらにもうひとつ。

よく「失敗が怖い」という言葉を耳にするけれど、これは「失敗＝価値がない」という勘違いをしてるってことですよね。

「あ！　間違えた！」と思ったら、認めて、謝る。「間違えた、ごめん！」以上。

これだけでいいはずです。

それ以外のもの……「罪悪感」も「自己否定」も「後悔」も「反省」もすべていらない。

逆に、「間違えたから謝る」というだけのことに、いろいろとよけいなことをくっつけて考えるから、謝れなくなるのです。

謝れないということは、「失敗を恐れている」ということ。何かをやるとき「絶対に失敗できない」と思ってしまい、最初から、失敗にフォーカスして人の評価を気にし、自由に楽しめなくなるのです。

ナリ心理学でよくお伝えしているのは「絶対に負けられない戦いをしている時点で負け」ということ。先にもお伝えしましたよね。「失敗できない」と思っているから、大失敗はしなかったにせよ、うまくはいきません。

そして「絶対に負けないための唯一の方法」は、「やらないこと」。だから、だんだんと、行動できない理由を探しはじめます。
こうなるともう「でも」「だって」の目白押しです。
よく考えてみてほしいのです。

失敗なんかで、人間の価値が下がるはずがないじゃないか

ということを。

失敗の9割は起こらないし、起こる1割も結局なんとかなるもの

やりたいことに踏み出せない人、いつも我慢してしまう人の多くは、思うがままに生きたときに起きる「何か」をとても恐れています。

自分が思うままにふるまったときのリスクを考えすぎて動けない、というパターンがほとんどです。たとえば、

- 離婚したら生きていけない
- 彼氏にふられたらヤバイ
- 仕事辞めたら食っていけない
- 仕事遅いから使えない
- あの人に嫌われてるはず
- 私にはＬＩＮＥ返すの遅いし
- 絶対あの人は、こう思ってる
- 嫌われたに決まってる
- 失敗したら私なんて価値がない
- 間違えたら笑われる

など。でもね。よく考えてみると、これらの9割は起こらないことがわかるはずです。実際に、恐れていた「何か」が起こらなかったことって、多いでしょ？

そう、僕らが日々恐れていることの9割は、

ただの勘違いで、ただの妄想。

恐れていることの9割って、起きないんです。

だから、起きないことに思いを馳《は》せながら、不安をつのらせ、行動しないということが、どれほどつまんないことか。

もちろん、「絶対に」起きないとは言い切れませんよ。

9割は起きなくても、1割程度は本当に恐れていた何かが「起こる」ことだってあるかもしれない。で、も、ね、もし……

■ほんとに離婚した

■ほんとに彼氏にふられた

- ほんとに仕事辞めたらヤバかった
- ほんとに仕事遅いらしく、使えないみたい
- ほんとにあの人に嫌われてた
- ほんとにLINE既読スルーされてた
- ほんとにあの人が、こう思ってた
- ほんとに嫌われた
- ほんとに失敗した
- ほんとに間違えたら笑われた

として、ですよ？　その先にある未来は何だと思う？
それは、

起きた「けど」、大丈夫だったわ。

でしかありません。

あなたの人生の中でこれまでに実際に起きた大変なできごとを振り返ってみてください。起きた当時は大丈夫ではなかったかもしれないけど、今この時点でも「大丈夫ではない」ということって、ほとんどないはずです。

今のあなたが、どれだけ不安にさいなまれていたとしても、実際に何かが起きている渦中だとしても、未来のあなたから見れば「ほら、大丈夫だった」でしかありません。

そう、今のあなたの人生は、過去9割の「起きなかったから大丈夫」と1割の「起きたけど大丈夫だった」で、できているのです。

どのみち、大丈夫なのだから、自分の好きなこと、やりたいことを、思うがままにやればいい。

どうせ、大丈夫だから。

NALI'S PSYCHOLOGY

人生を変えるのは、10年の努力じゃなくて、1日の勇気

「失敗したくないから、毎日ちゃんと努力しなきゃ」

「え？　なんで失敗したくないの？」

「だって恥ずかしいじゃん」

「成功することより、恥ずかしくないことのほうが大事なんだ」

最短ルートで夢をつかむ方法があるのに

最短ルートで夢をつかむ方法はあります。

それは、勇気を出すこと。

やりたいことをやるために「普通のルート」を選ぶ努力さんと、「最短ルート」を選ぶ勇気さんがいます。

何かが欲しい、何かをしたいと思ったとき、それを手にするために取る手段、これが、努力さんと勇気さんの違いです。

努力さんは、「まずは①をして、それができたら②をして、その後に③をしたら、④をやる準備ができるから、④しよう」っていう道を行きます。

一方勇気さんは「じゃ、まず④しよう」といきなり手を出すんです。だから、夢をかなえるのも早い。そして「とりあえずやってみて、できなかったらできなかったでいいや」くらいの感覚で動いているので、失敗してもさほどストレスにならず、別の方法や別のやりたいことにすぐに手を出せるというわけです。

努力をするのが目的の人は、もちろん努力を楽しめばよいのですが、最終的な目的地が決まっているのなら、断然、勇気を出したほうが夢はかないやすい。

10年努力するよりも、1日勇気を出すほうが人生は変わる

のですが、努力し続ける人には、勇気さんがなぜそんなに突飛な行動に出られるのかが、まず理解できません。

普段からコツコツ努力する努力さんは、それが当たり前になっているので、何か目標のために、ひとつずつ行程を踏んでいくことを厭《いと》いません。資格取得のために、会社員をしながら、早朝の電車の中で勉強し、始業時間まで勉強し、昼休みにランチ片手に勉強し、会社の帰りのカフェで勉強し、家でも勉強できてしまう。

それが当たり前にできてしまう。それはそれで素晴らしいことではあります。

一方、普段から勇気を出して、いきなり欲しいものをつかみに行ける人は、普段の

何気ない行動から勇気が出せている人なので「勇気を出している」という自覚すらありません。

この違い、なんだと思う？

それは、

失敗に対してどう思っているのかの差。

努力さんは極度に失敗を恐れています。そして「失敗するとまずいから、きちんと1から順にセオリー通りにやらなくては」と思っているんです。

どうしてこの差が生まれるのかというと、育ってきた環境が大きく影響しています。環境といっても案外シンプルで、「努力をしなければいけなかった」か「努力をしなくてもよかったか」という、単にその違いだったりします。

と言うと、「え！　じゃあ、努力さんの私は、もう変えられないじゃん」という声も聞こえてきそうですが、そうではありません。

育った環境の何が、努力さんと勇気さんを生み出したかということ。
それは、

「大丈夫」に気づいているか、気づいていないかの違い。

ただそれだけです。
これまで努力を続けてきた人は、ぜひ、

1 自分のやりたいこと楽しみながらやってる
2 受け取れるもんは全部受け取る
もしくは、積極的に自分からもらいに行く

これを意識してやってみてほしいのです。
もちろん、小さなことからでぜんぜんOK。そして「あ、意外に大丈夫だった」という体験を積んでいくわけです。うまくいったら「ラッキーラッキー」と大げさに喜んで受け取り、失敗したら「あら、失敗しちゃった」と笑っておしまい。

これを意識して繰り返していると、徐々に、努力さんの中から、勇気さんが顔を出します。キーポイントは、

失敗しても、大丈夫

だと理解すること。「理解するだけでも人生は変えられる」って、前に話したでしょう？

失敗しても、人生は大丈夫だってこと、まずは頭で理解して、やってみてほしいです。何回か「失敗しても本当に大丈夫なんだ」って体感も伴えば、鬼に金棒。

そのためには、ナリ心理学の真髄でもある「ジャッジをやめる」ということが大切。他人へのジャッジをやめれば、他人の失敗がゆるせるようになり、自分の失敗も笑えるようになります。

このジャッジっていうのは、物事を「良し悪し」「善悪」「上下」で判断して、

- ダサい
- かっこ悪い
- 惨めだ
- 不幸だ
- かわいそうだ
- 残念だ
- 終わってる
- バカみたい

と決めつけることを言います。

とにかく、「ジャッジをやめる」を意識してみてください。

夢がかなう速度が驚くほど速くなるから。

そして人がなぜジャッジをしてしまうのかというと「不安だから」なんです。人をさげすむことで、自分を正当化しようとするんですね。

なので「支配的な人」「高圧的な人」「すぐ否定ばかりする人」「上から目線の人」「ア

ドバイスばかりしてくる人」「自慢ばかりする人」というのは、本人にはまったく自覚がないかもしれません（いや、ないと思います）が、本当は不安で不安でしかたなくて「自分守り」に必死なのです。そのため上から目線でジャッジし続ける……なんともかわいいではないですか。ナリ心理学ではこんな人を、「チワワ」と呼んでます。小さくてかわいくてチワワみたいだから。笑。

自分から他人をジャッジしていると、「自分も他人からジャッジされるんじゃないか」と怖くなります。そして、動けなくなるのです。

人をジャッジしているのは人をバカにしている人なんです。

「他人の目が気になる」という人は、いつも人を見てジャッジしている人だと思います。だからこそ、他人を見てジャッジすることを減らしていくと、他人からの目が気にならなくなっていきます。

人をバカにすることをやめましょう。

すると、生きやすくもなりますし、夢がかなう速度も驚くほど上がります。

人は自分が見たいもの
だけを見る生きもの

「見たよナリ心理学占い！」

「どうだった⁉」

「アタリすぎててめちゃすごい！
もう これこそ私って感じ。
なんであんなに当たるの⁉
まじビックリなんだけど」

「あ、 それなー」

占いは、自己肯定の最強の「道具」

ナリ心理学占い

月	
1月	素直すぎる
2月	天才肌の
3月	超優しい
4月	行動力抜群な
5月	超絶敏感な
6月	遺伝子レベルで愛されてる
7月	人を笑顔にする
8月	今、ここを最高に楽しめる
9月	人を痺れさせる美学を持ってる
10月	バランス感覚抜群な
11月	視点が高く全てを見渡す
12月	ロマンチストな

日	
1日	女優
2日	コメディアン
3日	宇宙人
4日	ハイパーメディアクリエイター
5日	癒し屋さん
6日	パワースポット
7日	空気清浄機
8日	CHANEL No.5
9日	一匹オオカミ
10日	代表取締役
11日	ダイヤモンド
12日	脚本家
13日	パーリーピーポー
14日	短距離ランナー
15日	長距離ランナー
16日	司会者・MC
17日	一目置かれる者
18日	アイドル
19日	お金に愛されし者
20日	みんなのお母さん
21日	挑戦者
22日	人の姿をした神
23日	愛の天使
24日	美の女神
25日	陰陽師（安倍晴明レベル）
26日	逆転満塁ホームラン
27日	支配者
28日	愛され屋さん
29日	革命家
30日	松岡修造
31日	預言者

これ、爆発的に人気となったナリ心理学占いです。いかがでしょうか？
当たっていますか？

「これ、まさに私！」

「えー！　めっちゃ当たってるやん！」

うんうん、そういう感想がたっくさん寄せられて、あちこちで話題にしていただきました。

でもね、占いって、ちょっと雑誌を開けばそこにあるし、サイトにも、どこにでも載っていますよね。誕生日占いや、血液型占い、星座だったり、手相だったり……。

書いてあることはそれぞれバラバラ。でも、なぜだか不思議と、「あー！　当たってるー！」って思うことってありませんか？

それってね、

人は自分が見たいものだけを見ているから

なんですよ。この本の最初にもお伝えしましたが、人生は「証拠集め」の旅。占いだって同じです。

自分の前提に合わせて証拠だけを探すから、占いも「ああ、私って素敵なダイヤモンドだな！」と思っている人は、「おお、当たってる！　やっぱりね、私ってダイヤモンドよね！」となるし、ネガティブな占い結果はたぶん、目に入ったとしても「私には関係ないし、占いなんてそもそも当たらないしな」とスルーしている。

一方で、自己肯定感が低くて「自分って石ころ」と思っている人は、占いで「ああ、やっぱり出会いは来ないんだ。あ、お金のトラブルも来るのかぁ！」といちいち悪いところだけを見て自分のことだと思ってしまう。せっかくいいことが書いてあっても「いやでも、そんないいことばかりあるわけないし」とスルー。

そう、やっぱりここでも、目の前の現実というのは、自分の前提を証明するためだけの証拠なんだってこと。占いひとつとってもです。

占いってのは、自己肯定感を上げるために使うのがいい。

「わぁ、やったぁ！　いいことあるんだ！」
だけを取り入れてください。「ネガティブなこと」は、

即、忘れてください。

気に入らないことに時間を使わない。心配することに時間を使わない。

だってね……
カミングアウトしちゃうと、
このナリ心理学占いってさ……

僕が30分で、テキトー――に作っちゃったんだもん。

……笑
（ご、ごめんなさい！）

ともあれ、

占いは、自己肯定感を上げるために使うってこと、心がけてみてください。

あなたは選ばれている

さて、種明かしをしたところで、ぜひあなたにやってみてほしいことがあります。

それは自分が誰と同じ誕生日なのかを調べることです。

有名人、芸能人、歴史上の偉人……あなたは誰と誕生日が同じですか？

ちなみに僕は2月20生まれなので、長嶋茂雄、アントニオ猪木、志村けん、カート・コバーン（NIRVANA）と同じなんです。

僕、これに気づいたのが中学生くらいのときだったのですが、わかったときの「何!? オレって！ 選ばれてるじゃん！」という感じをいまだに忘れられません。

だって、誕生日って自分で選んでないですよね。自分で選んでないのに、「えっ、すごい！」と思える。これってすごくないですか？

「自分の力でどうしようもないことが、もうすでにすごいこと」だと、否応なく自己肯定されます。まるで「あなたは生まれる前からすごいことが決まってましたー」と言われているみたいです。

他にも、「星座があの有名人と同じ」「出身校があの偉人と同じ」「名字があの芸能人と同じ」「前世が、なんかすごい人」「めっちゃ珍しい手相」「うお座（うお座は最強）」など「自分で選んでないのになぜかすごいこと」を集めてみるといいですよ。

ちなみに僕、苗字が「武田」っていうんです。小学生くらいのときから、「自分の苗字ってめちゃかっこいいな」と勝手に思ってたし今も思っているんです。

だから先日、ナリ心理学講座中に、「武田ってめちゃかっこいい苗字でしょ！」って自慢したら「私なんて、日本で一番多い佐藤だぞ！」って声が飛んできた。

「そうか、多い苗字だから『すごいだろ！』って視点もあるのか！」と驚きました。日本で一番多い苗字、そりゃすごいわな。

佐藤、鈴木、高橋、田中、まじすげー。

自分で選んでないのに、なぜかすごいこと。

自分の力じゃないのに、すごいこと。

探してみるとおもしろいですよ。

第4章

お金の不安が消えていく

「お金がないからできない」って思ってること、ありますか？

「お金がないからやりたいことができないってずっと思ってたんだけど、わかったんです。お金ないと悩めるからラクなんですよね」

「あ、気づいちゃった!?」

お金と夢の愉快な関係

「お金がないから、やりたいことができません」

という相談はよくあります。

しかし、言ってしまえば、「やりたいこと」は、今すぐ勝手にやってしまえばいいわけで、この言葉の裏には、別の願いが隠されていると僕は思っています。

「お金がないから、やりたいことができません」

これって、正確に翻訳すると、こんな言葉になります。それは、

「お金がないから、私はホッとしてます」

と。もっと具体的に言うなら、こんなことです。ちょっと衝撃的ですよ。

「あーよかった。お金なくて。

本当はやりたいことなんて、

今すぐ勝手にやっちゃえばいいことなんて知ってるけどさ。
やりたいことやりはじめたら、目立つし、他の人と違くなるし、
みんなに見られるしさ、失敗したら恥ずかしいしさ。
だったら、やりたいことやらずに、
普通に暮らしてたほうが安心なわけじゃん。
やりたいことやるために、他人の目を気にしないでいるより
他人の目を気にして、我慢して、
お金のせいにしたほうがラクじゃん！
み――――んなそうしてるし！　笑。
だから私は明日からも言うよ！
『お金がないからやりたいことできない！』って言い続けるよ！
本当はこれが嘘だって知ってるけどねー」

これが、心の奥にある本音。

だからもし今あなたが「お金がないから、やりたいことができません」と言ってしまっているのなら、そろそろ、やらないでホッとしてる理由を探してみるといいかもしれません。

「お金を受け取ろう」って、ちゃんと思ってる？

ほとんどの人は、お金が欲しいと思っています。

そして、同時に「なんでお金は入ってこないんだろう」とか「自分にはどうせ入ってこない」と思ってすねています。

それは、

お金以外のものを受け取っていい、と決めてないから

です。

今手元にあるお金、それは、自分が自分に対してつけた価値に比例しています。

そして、あなたが「受け取ると決めた量」だけ入ってくるようになっています。

そう、お金の流れはとてもシンプルなんです。


ここで大事なのは「何を受け取ると決めるのか」ということ。

そしてここで決めるべきは、お金ではなく、「お金以外のものもすべて受け取る」ことです。

すべて、というのは、起きうることのすべて。

「お金は欲しいけれど、失敗のリスクは冒したくない」とか、「お金は欲しいけど、それにまつわる面倒なことはいらない」とか、受け取るものを限定して「あれは欲しいけど、あれはいらない」と選り分けていると、お金は入ってきません。

なぜなら、「お金だけ」を受け取ることなどできないからです。

お金以外のものを受け取りたくない人は、他人をジャッジし続けています。

そして、他人をジャッジしているから、自分もジャッジされると思い込んでいます。

「失敗したくない」「恥ずかしいのは嫌だ」「嫌われたくない」「見下されたくない」「バカにされたくない」と、他人の視点を気にしすぎるあまり、「お金以外のもの」の受け取り拒否をしてしまうのです。

受け取り拒否の正体は「怖い」という感情です。

だから、お金が欲しいなら、お金以外のものもすべて受け取ると決めること。

すべて受け取る。その覚悟ができた人にだけ、お金は入ってくるのです。

いつもギリギリのお金しかない人の脳内設定

いつもお金が足りなくて、生活がギリギリだという人がいます。

そこにはふたつの思い込みが存在しています。

ひとつは、「お金に対する設定」で、「私はお金がギリギリなくらいでちょうどいい」というもの。

もうひとつは、「悩みに対する設定」で、「私はお金がギリギリで悩むくらいでちょうどいい」というもの。

設定とは、「前提」とも言い換えられます。自分はいつもお金がギリギリである、という前提のもと、さらには、ギリギリであることに悩んでいる、という前提を掲げて生きている限り、そこには、

いつもお金がギリギリで嫌だ！　つらい！

という現実が現れます。

では、この前提がどこから来ているのかというと、その多くは「両親を見ていて」「あなたが勝手に」決めたことです。そう、まさに思い込みでしかないんです。

幸せになることへの罪悪感を捨てる

お金が入ってこないと思っている人は、一度周囲を見渡してみてください。

周りに、お金に困っている人はいませんでしたか？

じつは、自分の周りにお金に困っている人や人生に悩んでいる人がいると、優しい人は無意識のうちに、「うわ、私だけ幸せになっちゃいけないよね」と思ってしまいます。

これが、幸せになることへの罪悪感です。

周囲にいる不幸せな人たちの存在が、優しい人を同じように不幸せにするのです。

自分だけ夢をかなえて、自分だけお金持ちになって、自分だけ幸せな家族を持つことに罪悪感を抱いてしまいます。

本当は、すぐ幸せになれるのに、お金を得られるのに、困っているフリをし、できないフリをし、悩んでいるフリをし、問題があるフリをしてしまうのです。

不幸に苦しんでいる人がかわいそうだから。

自分だけ幸せになるのが申し訳ないから。

でもこれ、まったく必要ありませんよね。そして、

優しさの勘違いだし、優しさの使い間違いです。

じつはかくいう僕も、「自分だけ幸せになることへの罪悪感」を強烈に持っていました。日本の平均年収が４００万円。不景気だって言われている時代に、低学歴は当然低収入になるって統計データがあるにもかかわらず、社会の底辺にいる（と思い込んでたんです）自分がお金を稼いで、幸せになっていいわけない。本気でそう思っていたんです。

だから、その罪悪感を埋めるために、やたら、募金をして、慈善行為をすることで罪悪感から逃げていました。

まさか、自分が「幸せになること」や「お金を稼ぐこと」に、こんなにも罪悪感を持つものだなんて、思いもしませんでした。

その根底にあるのは、他人からの評価ではなく、自分から自分への評価と恐れ。

■「非情なやつだな」

■「性格悪いな」

■「優しくないな」

■「自分だけかよ」

と、自分が自分に思ってしまうことが怖いから。

だから、優しい人は幸せになりにくいし、お金を稼ぎにくいのかもしれないと思います。と言うと、「え!? 私って、優しいから罪悪感を感じてるんだ」って、少し嬉しくなっちゃう人もいるかもしれません。(僕もじつは、そうだったんですけどね)

でも、そろそろ気づきましょう。それね、優しさアピールだから。

他人を見て、勝手に「かわいそう」「不幸そう」って、すごく失礼な態度ですよね。知りもしないのに人を勝手に不幸扱いするのをやめると、自分も幸せを受け取りやすくなりますよ。

お金って
イス取りゲーム
じゃないから

「あの人ばっかりお金持ってて
なんか悔しい」

「だったらその人応援して
あげたほうがいいよ」

「え!?　応援!?　なんで?」

「お金持ちを応援すると
お金ってやってくるみたいよ」

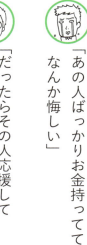

お金の流れに乗る

僕は長い間「お金とは、奪い合うもの」だと思っていました。

誰かが豊かになれば、その代わりに誰かが貧しくなる。お金の総量は決まっていて、パイを奪い合うように、イス取りゲームのように、誰かが得るときに誰かが奪われるものだと思っていたのです。

でも、それはまったくの勘違いだったと気づきました。

お金は、流れることで豊かさを増していく存在です。

流れていけばいくほどに、そこに介在したたくさんの人に豊かさをもたらす。そんな素晴らしいしくみであることに気づいてから、お金を稼ぐことに罪悪感がなくなっていきました。

お金の流れというのは、たとえばこんな感じ。

たとえば、ナリが鈴木さんにマッサージをしてもらって1万円を払いました。

鈴木さんは1万円をもらい、佐藤さんにヨガを習いにいき1万円を払いました。

佐藤さんは1万円をもらい、小林さんにマサイ族の歴史を教えてもらい1万円を払いました。

小林さんはナリに心理学を学んで1万円を払いました。

すると、ナリの手元にはマッサージをしてもらった上に、1万円が舞い戻ってきていますよね。

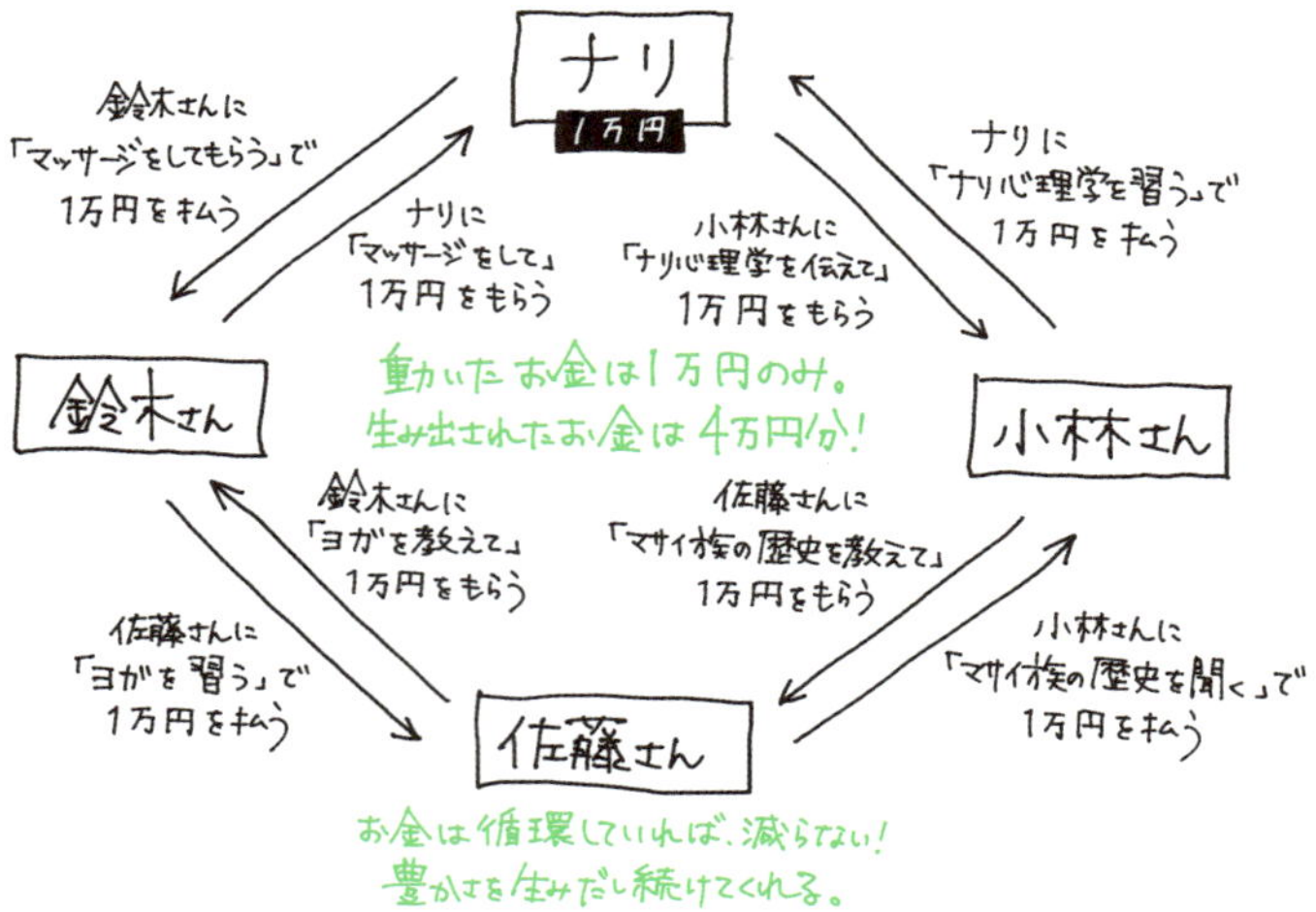

結局「お金が欲しい」という言葉の本質は「豊かさを感じたい」と同じです。

そして、豊かさとは人が与えてくれるもの。だから、お金の流れをせき止めずに、流し続け、そして、豊かさを受け取り続けるという循環を繰り返している限り、お金があなたのもとを何度も経由しながら、たくさんの豊かさを与えてくれます。

そして、自分がワクワクすることにお金が使えるようになると、お金を使うたびに感謝の心が生まれます。

お金は、持つものではなく、流れに乗せるもの。

そして、「お金を使うって楽しいんだな！」「お金をかけたくなるほど自分って素敵なんだな！」と思うと、よりお金の流れに乗りやすくなるのです

お金に好かれる人になる

お金は、いつも人が運んできます。
だから、お金に好かれている人というのは、人に好かれている人のこと。
イメージで言うと、

「あ！　あの人にお土産《みやげ》買っていってあげよう」という人になる

というのに近いと思っています。

- 喜んで受け取る
- 素直に感情を出す
- 喜んでお土産（お菓子）を食べる

■楽しそう
■みんなにシェアする
■ひとり占めしない
■自分もお土産を買ってきてあげる

具体的に言うならこういう感じ。

また、不思議と「お土産を買ってこなかったら怒る人」には、絶対にお土産を買っていきたくなくなりますよね。つまり、「お金がないことに文句を言っている人のところに、お金は入らない」ということ。

お金がなくても怒らない。

お金がもらえたらめちゃくちゃ嬉しい。

こんな感覚でいる人のところに、お金は集まってきます。

お金に好かれる人というのは、笑顔でいる人のこと。

だから、まずは笑顔でいることから始めてみてください。

お金の問題は
コーヒー1杯分で
解決できる

「私、あのバッグが欲しいの」

「買えば〜」

「…………」

「どうしたの?」

「よし!! お金ないけど、注文する!」

「いや、財布の中見てよ!」

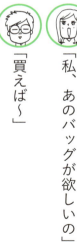

財布の中をちゃんと見よう

お金がない、と悩む人の多くは、家計簿をつけていない人が圧倒的に多い気がします。高給取りでお金がない人も、低所得でお金がない人も、自分のお金の流れを目で見て把握していないことがほとんど。

これは、「家計簿はつけたほうがいい」ということではなく、大切なのは、

怖くても、現状を把握しているかどうか

ということ。

僕自身がそうだったから痛いほどわかるのですが、お金がないときというのは、お金の流れを見たくありません。だから、見て見ぬフリをしてなんとなく過ごします。なんとなくお金を使って、不安でいっぱいになる。この繰り返しです。

これ、財布に1000円しか入っていないのに、見て見ぬフリをして焼肉を食べに

行ってしまうようなもの。

自分がいくら持っているのかを見る勇気がない人は、普段の生活のあらゆることに勇気を出すことができない。僕もそうだったから痛いほどわかります。

だから、まず、勇気を出して、

自分がいくら持っているのかを知ること。

お金の不安がある「怖がり」さんには、とっておきの処方箋があって、僕はいつもこれをおすすめしています。

土日、ノートとペンを持ってカフェに行って行う、ある意味での「儀式」です。

それ以外のことをしない。このためだけに、時間を使います。仕事と仕事の合間とか、誰かを待っているときとか、「時間つぶし」ではなくて、このために時間を用意し、カフェに出向き、他のことをシャットアウトして行う儀式。

これは、きちんとやれば、カフェから一歩外に出た瞬間から人生が変わる、とっておきの処方箋です。

「お金がない病」の人への処方箋

1　収入と支出を書き出す
2　この人生でやりたいことを書き出す
3　それをやる前提でスケジュールを組む（5〜10年単位）
4　旦那さんに隠していることを全部書き出す
　お父さんお母さんにも隠していることを全部書き出す
5　自分がバカにしていることを書き出す
6　見栄やプライドのためにしていることを書き出す
　やりたくないならやめる
7　人生で大切なものを書き出す
8　人生でずっと一緒にいたい人を10人書き出す
　その全員にLINEやメール、手紙、電話で、

「これからもよろしくお願いします」って連絡をする

9
我慢していることを書き出す
まずは、月曜からやめるべき我慢を決める
我慢やめるのは少しずつでもいい

10
お父さんお母さん旦那さんに隠していたことを正直に伝え、「愛しているよ」と、とことん伝える

恐怖は、明確にすれば驚くほど減ります。
そして、明確にすれば人は「どうすればいいのか」を、考えはじめます。
そして、400円のコーヒー1杯で、あなたの人生は変わります。
ただし、本当にやれば、の話ですよ。

形のないものにお金を使える?

あなたは、「形があるものにお金を使う」ことと「形がないものにお金を使う」こ
とのどちらに抵抗を感じるでしょうか。
「形のあるもの」とは、

- 服を買う
- 車を買う
- 帽子買う
- ご飯代
- コンビニ代
- 飲み会代
- パソコンを買う
- 本を買う

など、文字通り、目に見えるもののこと。
一方、「形のないもの」とは、

- マッサージを受ける

- エステに行く
- 整体に行く
- 歯医者に通う
- 交通費を払う
- ご祝儀を払う
- 映画を観る
- ライブに行く
- 演劇を観る

など、文字通り、目には見えないもののこと。

じつは、ここにはある価値観が隠れています。

「形のあるもの」にお金を使うのに抵抗を感じる人は、「形のあるもの」でお金をもらうことに抵抗を感じ、「形のないもの」にお金を使うのに抵抗を感じる人は「形のないもの」でお金をもらうことに抵抗を感じる。

たとえば、心理セラピストなのに「形のあるものにお金を使うのが苦手」だと、心理カウンセリングは「形のないもの」なので、お金をもらうことに、抵抗や罪悪感を感じてしまいます。お金をもらいにくくなるのです。

これ、まさに以前の僕の話。

僕は、マッサージや家賃、宿泊費など、形のないものにお金を使うのがとても苦手でした。でも、僕が仕事にしている心のことはまさに「形がないもの」。自分自身がお金を使いたくないものに対して、他人には「お金をください」と言っていたわけです。当然もらいにくいし、罪悪感を感じます。

で、僕がどうしたのかというと、「せっせと『形のないもの』にお金を使う練習」を始めました。すると、少しずつ、形のないものにお金を払って得るものを実感し、抵抗や罪悪感が減っていきました。

これは、逆もそう。

「服を売っているのに、形のあるものにお金を使うのが苦手」という人は、「せっせと『形のあるもの』にお金を使う練習」をしてみることです。

特に「これってお金使うようなこと？」と思っていたり、「うわ！　これ高っ！」と思っていることにお金を使ってみると、お金の使い方が変わり、お金のもらい方も変わってきます。

お金の「使い方」を練習する。ぜひやってみてください。

あとがきなり〜

僕の20代の前半は
「なんで人生こんなにつらいの？」

って、そんなことばかり思う日々でした。

僕のブログを読んでくださっていたり、今の僕しか知らない人からは驚かれたりするのですが、とにかく人の目が気になるんですよね。

人の意見や、人にどう思われてるのか、それぱっかり考えてました。

とにかくそればっかり。

人にバカにされないように虚勢張ったり、人から認められるために頑張ったり、それぱっかり。

だから、心理学を始めたのもそれが理由でした。

「なんで僕はこんなに人の目ばかり気になるのか」

って、それを知りたかったんです。

そして、その理由が
「自分が人のことばっかりみて。

あれはダメだ。

あれはかっこ悪い。

あれはかわいそうだ。

あれは惨めだ」

と決めつけをしてたからなんだと気づいたのです。

実は、この決めつけ、これをナリ心理学では「ジャッジ」と呼ぶのですが、当時は人のことをめちゃくちゃジャッジしていたから、自分も周りの人から「ジャッジされるものだ」と思い込んでたわけです。

だから、生きるのが苦しかった。

「人にされて嫌なことは、
人にはしてはいけないし、

人にされて嬉しいことを人にしよう」

なんて昔よく聞いた気がするけど、これって、

「自分の感じることと、人が感じることは同じである」

ってことが前提になってたりする。

だから、自分が他人をジャッジしてしまったら、自分も他人にジャッジされるのだと、思い込んでいたんだと、僕は気づいてしまった。

これに気づいた時は本当にビックリしましたよ。

だって、
「人のことをバカにしてるから、
人にバカにされるのが怖くて、
生きづらいんだ」
なんて、あまりにも衝撃的すぎて、その場に崩れ落ちましたよ。
だから、僕はまず、
「人のことをバカにするのをやめる」

「人のことを見てジャッジしない」

から始めました。

といっても実は今、書きながら「ああ、こんな簡単なことから始めたんだな」と改めて思ったんですけど、この「人をバカにしない」「ジャッジしない」っていうのはやりはじめると本当に面白くて、どれだけ今まで人のことをジャッジしてたんだ、と痛感しまくりました。

僕は、たったこれだけを意識して生活するだけでも、本当に生きやすくなったんです。他人へのジャッジをやめると、他人からジャッジされるという意識も減るので、失敗や間違えることができるようになりました。

だから、無駄な虚勢を張ろうとすることも減りました。

僕も心理を学ぶ前は、心理学に対して何か難しいイメージがあったんですけど、得るものはたったひとつでいいと思うんですよ。

たったひとつ自分が納得できるものを、ただ生活の中に取り入れてやってみることが大事なんですよね。

だから、この本を手にとってくれたあなたが、何かひとつだけでも納得できるものを得てもらえたら、僕はとても満足。もちろん、何も得るものがなかったとしても、僕はご機嫌に生きていきます。だって、ダイヤモンドだからね。

そして、同じくダイヤモンドの読者の皆さんも、ここまで読んでくれてありがとうございました。

最後の最後に、僕から提案です。

それは、人生を「逆算すること」。

人生を80年として考えたとき、その80歳から人生を見てみてください。

何年生きますか？　何回お正月がありますか？　あと何回夏が来て、あと何回クリスマスが来る？　あと何回帰省して親に会えますか？

僕の場合、人生の残り年数はだいたい50年くらい。

つまり、あの楽しいクリスマスが味わえるのは、あと50回……。

毎年旅行で世界遺産を訪れるとして、行けるのは50か所……。

たったの、たったの、50回ですよ？

たったの50回なのに、もし、目先の悩みにとらわれて1回悶々と過ごしてしまったら、もう49回になってしまう。いてもたってもいられないですよね？

人生の残り50年で何をするのか、どう割り振るのかを考えてみてください。

人生の目的は「楽しむ」ことで、我慢ではありません。自分の五感を精一杯使って、自分の「快」が味わえる場面のために邁進することです。

この、自分の「快」を見極める方法があります。それは、「無人島に一人で行ってもやりたいかどうか」。人の目がないところでも、自分がそれを本当にやりたいのか？　それを判断基準にしてみると、意外な自分の望みに気づくかも。

人生を存分に楽しむために、「逆算」してやりたいことを見極めて勇気出す。

一緒にやってみませんか？

ナリ

２０１８年４月

ナリ（本名：タケダ・カズナリ）

株式会社ナリ心理学代表。1989年長野県生まれ。心理学や心のしくみを独学で学ぶ。寄せられる心の問題に対してブラックユーモアとツッコミ満載で書くブログが大好評。「なぜかさささる」「不安が消えて毎日が楽しくなった」との口コミで圧倒的人気を誇る。ブログのアクセスは月間400万PV超、メルマガとLINE＠合わせた読者数は約4万4000人。アメーバオフィシャルブロガー。

あなた何様？

2018年5月15日　初版発行
2018年5月25日　第2刷発行

著　者　ナリ
発行人　植木宣隆
発行所　株式会社サンマーク出版
東京都新宿区高田馬場 2-16-11
電話　03-5272-3166
印　刷　中央精版印刷株式会社
製　本　株式会社村上製本所

ISBN978-4-7631-3684-8 C0030
ホームページ　http://www.sunmark.co.jp